KB205317

나무명상

# 차례 나무명상

생명나무 ⓒ고진하

# 나무는 내 마음의 의자

나무는 내 마음의 의자.
삶의 향방을 잃고 정처 없을 때
나는 나무의 너른 품으로 달려간다네.

나무는 내 마음의 촛불.
칠흑처럼 어두운 심연에 고립되었을 때
나는 촛불을 켜든 나무에게로 간다네.

나무는 내 마음의 정거장.
무엇엔가 쫓기는 어린 짐승처럼 달리다 지쳤을 때
나는 큰 나무 그늘로 숨어드네.

나무는 내 마음의 성소.
나를 온전히 비워 성스런 제단에 바쳐지고 싶을 때
침묵의 향기 그윽한 나무에게 안긴다네.

자기 영혼의 빈 칸을 의식하고 사는 이는 창조적 젊음을 살 수 있습니다. 하얀 창호지처럼 여백으로 주어지는 시간을 새로운 삶을 살라는 창조주의 신호로 받아들일 테니까요. 그것은 곧 '영원한 현재'에 둥지를 트는 일입니다. 하느님에게는 매 순간이 태초太初입니다. 우리가 깨어 있다면 우리는 순간마다 태초를 살게 됩니다.

흰 종이의 숨결, 창조의 여백

고요의 향기

열매 맺는 사랑

큰 나무 그늘로 들어가라

그대 영혼의 성소가 있는가

# 흰 종이의 숨결, 창조의 여백

펄프를 물에 풀어 백지를 만드는 제지공들은 하나님 같다.

흰 눈을 내려

세상을 문자 이전으로 되돌려놓는 조물주 같다.

— 유홍준

어릴 적 아버지는 밭 두럭밭 두둑에 닥나무를 길렀습니다. 가을이 되면 닥나무 껍질을 벗겨 말려두었다가 제지공장에 팔았습니다. 제지공장을 거쳐 온 닥나무 껍질은 하얀 창호지로 변해 있었습니다. 거친 닥나무 껍질이 제지공의 손을 거쳐 하얀 창호지로 변한다는 게 무척 신기하기만 했습니다. 나는 어릴 적에도 우리 집 문살에 발라놓은 순백의 창호지를 보며 '나무의 영혼' 같다고 생각하곤 했습니다.

지금도 나무의 영혼 같은 순백의 종이를 보면, 창조주가 우리에게 선물하신 시간의 여백을 떠올립니다. 제지공들이 펄프를 물에 풀어 만들어놓은 하얀 백지, 그것은 우리가 직면하는 새로운 시간의 상징입니다. 그 시간은 누구의 손길도 닿지 않은 영혼의 빈 칸과도 같습니다. 그 영혼의 빈 칸에 우리는 먹물을 찍어 우리의 생을 써넣어야 합니다. 어떤 이는 그 빈 칸에 창조적 생을 기록하는 이도 있을 것이고, 또 어떤 이는 그 빈 칸에 아무것도 기록하지 못한 채 비워 두는 이도 있을 것입니다. 돌이킬 수 없는 과거에 얽매인다든지 오지도 않은 미래를 염려하여 '지금 이 순간'을 풍요롭게 살지 못하는 이는 자기 영혼의 빈 칸을 숱한 얼룩으로 더럽히기나 하겠지요.


나의 영혼은 그것이 창조되던 그 날만큼이나 젊습니다.
아니, 훨씬 더 젊습니다.
실로, 나는 어제보다 오늘 더 젊습니다.
내가 오늘보다 내일 더 젊어지지 못한다면,
나는 나 스스로에게 부끄러울 것입니다.
하나님 안에 둥지를 트는 사람은
영원한 현재에 둥지를 트는 사람입니다.
거기서는, 사람이 결코 늙을 수 없습니다.
거기서는, 모든 것이 현재이고 모든 것이 지금이기 때문입니다.

— 마이스터 에크하르트


자기 영혼의 빈 칸을 의식하고 사는 이는 창조적 젊음

을 살 수 있습니다. 하얀 창호지처럼 여백으로 주어지는 시간을 새로운 삶을 살라는 창조주의 신호로 받아들일 테니까요. 그것은 곧 '영원한 현재'에 둥지를 트는 일입니다. 하나님에게는 매 순간이 태초太初입니다. 우리가 깨어 있다면 우리는 순간마다 태초를 살게 됩니다.

하나님은 당신의 형상을 따라 우리를 빚어주셨는데, 그것이 의미하는 바는 우리 내면에도 창조의 영靈이 살아 있다는 것입니다. 마이스터 에크하르트는 창조의 영과 더불어 사는 일을 은유적으로 '하나님 안에 둥지를 트는' 일이라고 말합니다. 우리는 그렇게 하나님 안에 둥지를 트는 삶을 통해 우리 자신을 날마다 새롭게 하고, 세상을 새롭게 할 수 있습니다. 그것은 곧 영원한 젊음을 누리시는 하나님의 창조의 파트너가 되는 일입니다.

이 세상에서 하나님의 창조의 파트너로 살아가려면, 우리는 불순물을 걸러내고 나무의 영혼으로 거듭난 순백의 종이처럼 우리 자신을 날마다 깨끗하게 해야 합니다. 자기를 정화하여 맑은 영혼으로 거듭나지 않고는 거룩한 새 창조의 일꾼이 될 수 없습니다. 그것은 곧 자기를 비우는 일입니다. 자기를 비울 때 비로소 우리 안에 살아계신 창조의 영이 일하실 수 있습니다. 자기를 비우는 것은 창조주가 일하실 틈을 만드는 것입니다.

틈, 그것은 신성한 창조의 여백입니다.


닥나무가 변해 빚어진 순백의 종이는 자기 몸에 담길 먹 냄새 배인 문향文香을 그리워합니다. 하나님의 은총으로 자기를 비워 해맑게 거듭난 영혼은 그 내면에 담길 그리스도의 향기를 그리워합니다. 그 향기는 영원한 젊음을 누리시는 창조주 하나님과의 합일에서 피어나는 향기이며, 이웃과의 화목에서 피어나는 향기입니다.

흰 종이의 숨결로
천 년을 사는
닥나무의 내면에서
창조의 여백을 보았네.


님께서도
우리 속에 당신이 활동하실
창조의 여백이 있는지,
지금 이 순간도
우리를 살피고 계신다네.

## 고요의 향기

사람들은 누구나 마음속에 드넓고 고요한 공간을 가지고 있다. 허공처럼 걸림 없고 지극히 고요한 그곳을 접해 보지 못한 사람은 자기 자신을 알 수 없다. 자기 자신을 알 수 없는 사람은 세상 속에서 길을 잃고 헤맨다.

— 에크하르트 톨레

마음의 평화를 잃고 쉼을 얻고 싶을 때 사람들은 숲을 찾습니다. 불꽃 모양, 혹은 향로 모양으로 타오르는 듯한 나무들이 모여 이룬 숲길을 걷다 보면, 지치고 피곤한 마음이 차분해지지요. 그렇게 걷다가 나무 아래 앉아 눈을 감고 호흡을 헤아리다 보면, 어느새 고요해진 자신을 느낄 수 있습니다.

톨레의 말처럼 사람은 누구나 고요한 공간을 지니고 있습니다. 그 고요한 내면세계는 살아계신 하나님의 숨결을 느낄 수 있는 신성한 공간이지요. 나무들이 모여 이룬 숲을 '하나님의 처소'라고 노래한 시인이 있는데, 때로 바람결에 나뭇잎이 흔들리는 소리를 듣다 보면, 그 소리가 마치 하나님의 생생한 숨결처럼 느껴지기도 하지요. 숲에 들면 왜 신성한 느낌에 휩싸이게 되는 것일까요. 숲을 이룬 나무들이 대지의 고요에 뿌리를 내리고 있기 때문이 아닐까요. 하나님만큼 고요하신 이가 또 누가 있겠습니까.

우리가 세상에서 갈 길을 몰라 방황하는 것은 내면의 고요를 상실했기 때문입니다. 내면의 고요를 상실했다는 말은 자기 존재의 뿌리를 잃었다는 말과 다르지 않습니다. 물 위를 떠도는 부초浮草처럼! 인간 존재의 뿌리는 하나님이시며, 그분의 속성은 고요함입니다. 그분의 형상을 닮은 우리 인간의 뿌리 역시 고요함이지요.

그러면 인간의 근원이 고요함인 걸 어떻게 알 수 있을까요. 맑아진 마음으로 보면 알 수 있습니다. 생각이 끊어진 마음으로 보면 인간의 근원이 고요함인 걸 알 수 있습니다. 마음이 깨끗한 자는 복이 있나니, 하나님을 볼 것이라고 하지 않으셨던가요. 나와 하나님이 둘이 아니고 하나임을 아는 것, 나와 이웃이 하나임을 아는 것, 그것은 곧 우리가 고요의 뿌리에서 비롯된 맑은 마음으로 바라볼 때입니다.

나무는 시끄러운 소음을 낼 줄 모릅니다. 고요함에 뿌리를 내리고 있기 때문입니다. 그리고 나무는 이리저리 돌아다니지 않고 한 곳에 붙박여 있지요. 우리도 고요함을 누리려면 바쁘게 돌아다니는 것을 멈추고 자기 자신 안에 머물러야 합니다.

풍랑을 만나 두려움에 사로잡혀 온갖 소란을 떨던 제자들과는 달리 예수님은 풍랑으로 요동치는 배 안에서도 평온한 잠을 주무셨습니다. 그것은 그분이 언제나 자기 자신 안에 머무르며 그 중심의 고요에 깊이 뿌리를 내리고 계셨기 때문입니다. 폭풍의 두려움과 사람들의 소란조차 중심의 고요에 뿌리를 내린 예수님의 잠을 방해할 수 없었습니다. 예수님은 자기 존재의 뿌리가 고요 그 자체임을 분명히 알고 계셨지요. 예수님처럼 깨어 있는 사람은 바깥의 소란 때문에 안의 고요를 잃어버리지 않습니다. 나무들이 태풍에 부러질 듯 흔들리면서도 중심을 잃지 않고 제자리를 굳게 지키는 것처럼!

기도의 사람들은 그래서 나무 곁에 머무는 것을 사랑했습니다. 예수님은 물론 숱한 성인들이 나무 아래서 고요와 평화를 얻었지요. 나무가 그들에게 고요와 평화를 주었다기보다는, 나무의 실체가 고요와 평화인 것처럼 자기 자신의 실체도 고요와 평화인 것을 알았기 때문입니다.

숲에 들면 풋풋하고 상큼한 나무의 향기가 풍겨납니다. 나무의 향기는 나무의 중심인 고요에서 비롯된 향기입니다. 꽃의 향기도 그렇습니다. 예수님처럼 하나님과 한몸을 이룬 사람한테서는 그윽한 향기가 풍겨납니다. 그 향기 역시 그 존재의 중심인 고요에서 비롯된 향기입니다.

빗소리만 주룩주룩 들릴 뿐

만상이 고요하네.

제 몸에서 뻗어 나온 푸른 우산을 펼쳐든

오동나무, 애기솔, 곰솔,

빗물에 빗물에 젖어

그 빛깔과 형체가 더욱 또렷하네.

저 나무들도 제 몸에 듣는 빗소리에 귀 기울여

깊은 묵상에 잠긴 것일까.

가끔씩 마음과 생각을 사로잡는

두려움과 염려의 구름을 걷어내고

고요에 들면,

맑은 물거울에 비친 영상들처럼

우리의 삶도 환함을 얻을 수 있지 않을까.

쉽사리 볼 수 없다는 신神의 영상도

얼굴과 얼굴을 대하듯

마주칠 수 있지 않을까.

# 열매 맺는 사랑

나는 포도나무요 너희는 가지라.
그가 내 안에 내가 그 안에 거하면 사람이 열매를 많이 맺나니
나를 떠나서는 너희가 아무것도 할 수 없음이라.

— 요한복음 15:15

꽃이 '나무의 웃음'이라면, 열매는 '나무의 기쁨'입니다. 열매가 주렁주렁 맺힌 가을나무들을 보며 마음이 넉넉해지는 것은 풍성한 열매들이 선사해주는 기쁨 때문입니다. 나무의 존재 이유는 열매 맺는 데 있습니다.

예수님은 당신 자신을 '참 포도나무'라고 소개하십니다. 예수님이 자신을 참 포도나무라고 하신 것은 당신과 제자들의 관계를 잘 드러내주신 말씀입니다. "나는 참 포도나무요 너희는 가지라." 떼려야 뗄 수 없는 관계를 나타냅니다. 이제 제자 된 이들이 해야 할 일은 '포도나무'에 머물러(居) 있는 일입니다. 가지는 나무에 '머물러' 있는 것이 가장 좋습니다. 그것은 곧 열매를 맺게 해주는 조건이지요. 가지는 포도나무에 붙어 있을 때만 열매 맺을 수 있습니다.

예수님에게 머물러 있다는 것은, 우리가 예수의 정신과 사랑에 온통 사로잡혀 있는 상태를 뜻합니다. 가지가 포도나무에서 수액을 취하듯이, 예수님의 십자가의 죽음에서 계시되는 그 사랑의 수액을 공급받을 때 우리는 온전한 제자가 될 수 있습니다. 우리가 예수님 안에 머물러 있을 때 그분은 우리 안에 계시고, 그분의 사랑이 우리에게 열매 맺는 자양분이 됩니다.

참 포도나무에서 떠난 가지는 결코 열매 맺을 수 없습니다. 마찬가지로 예수님의 사랑에 머물기를 거절하고 그 사랑에서 떠나면 우리는 열매 맺을 수 없습니다. 예수님의 사랑은 우리 삶을 지탱해주는 생명의 원천입니다. 물의 원천이 마르면 강바닥이 마르듯이, 사랑의 수원水原에서 끊어진 존재는 생명을 싹틔우지 못하는 사막과 같습니다.

예수 그리스도는 우리의 내적 중심이십니다. 그러므로 우리가 우리의 내적 중심인 그분과 하나가 될 때 열매를 맺는 사랑이 흘러나옵니다. 그분과 단절된 우리의 자아는 열매를 맺을 수 없습니다. 우리의 생명력과 창조성의 원천은 우리가 그리스도와 하나되는 우리의 내면 깊은 곳에 자리 잡고 있는 것입니다.

나무가 맺는 열매는 우리에게 기쁨을 줍니다. 포도나무 열매를 항아리에 넣어 발효시키면 포도주가 되는데, 이 포도주는 기쁨과 황홀을 가져다주지요. 우리 속에 기쁨과 황홀이 없으면 삶이 메마르고 위축됩니다. '자기중심'이라는 감옥 속에 갇히는 꼴이 되고 말지요. 종교의 가장 중요한 과제는 "참됨 황홀감을 찾도록 인간을 돕는 일"이라고 말한 이도 있습니다(샌포드). 참된 황홀, 즉 그리스도와의 하나 됨을 통해서 우리는 왜소한 자아를 벗어나게 됩니다. 인간이 자기를 벗어날 때처럼 아름다운 때가 또 있던가요.

우리 영혼의 진보는 열매 맺는 것으로 알 수 있습니다. 건강하고 튼실한 영혼이 맺은 풍성한 열매는 우리에게 큰 기쁨이 되고, 하나님께는 영광이 됩니다.

그대 열매 맺는 기쁨을 누리려면

소나기 맞는 것을 두려워하지 말아야 한다.

태풍에 가지가 부러지는 고통도 견디어야 한다.

여린 잎사귀에 구멍을 뚫는 우박도

펑펑 쏟아지는 주먹눈도 두려워하지 말아야 한다.

그대 열매 맺는 기쁨을 누리려면

진정한 사랑에는 고통이 따른다는 것을,

상처 입을 때까지 사랑해야 한다는 것을,

그리고 사랑은 어느 계절에나 반드시

열매 맺을 수 있다는 것을 믿어야 한다.

그대가 하늘을 향해 경청의 귀를 열고

우쭐우쭐 춤추며 자라는

푸른 나무 같은 영혼이라면!

# 큰 나무 그늘로 들어가라

빛과 그림자를 생겨나게 하신 하나님의 크신 사랑의 그늘

그것이 바로 십자가 나무 그늘이다.

우리가 지닌 어두운 그림자는

그 큰 나무 그늘로 들어가면 자취도 없이 사라진다.

십자가는 형벌과 죽음의 상징이지만, 또한 하나님의 사랑을 나타내는 상징이기도 합니다. 예수님이 인간의 죄를 걸머지고 십자가에 못 박히실 때, 하나님은 단지 당신의 사랑하는 맏아들을 바라보고만 계시지 않았습니다. 하나님께서도 예수님과 함께 십자가에 못 박히셨고 함께 피 흘리셨습니다. 예수님은 하나님과의 합일合一을 늘 갈망하던 분이니까요. 또한 그 합일을 성취하셨고요. 그래서 우리는 하나님을 '십자가에 달리신 하나님'(몰트만)이라고 부르는 것입니다. 바로 이 때문에 십자가는 하나님의 사랑을 나타내는 '큰 그늘'이 됩니다.

어떤 사람이 늘 자기 그림자를 벗어던지고 싶어 했습니다. 하지만 아무리 해도 그림자는 떨어질 줄 몰랐습니다. 마룻바닥에 뒹굴고 물속에 뛰어들기도 했지만 소용없었습니다. 그림자는 여전히 졸졸 따라다녔습니다.

한 현자가 그의 고충을 전해 듣고 말했습니다.

"조금도 걱정할 게 없네. 세상에 그처럼 쉬운 일은 없다네."

그가 물었습니다.

"어떻게 하면 되는 겁니까?"

현자는 그를 큰 나무 그늘 아래로 데려가더니, 이렇게 말했습니다.

"자기 그림자를 벗어 던지고 싶은 사람은 나무 그늘로 들어가면 된다네."

인간에게는 누구나 벗어던지고 싶은 그림자가 있습니다. 어두운 기억, 상처, 아픔, 열등감, 불안, 상실감 등이 인간이 벗어던지고 싶은 그림자에 해당하겠지요. 그러나 우리 자신의 그림자에 해당하는 것들을 떼어버리려 하면 할수록 그것들은 더욱 찰거머리처럼 달라붙습니다. 그리고 그것들은 우리를 지배합니다. 그것들의 지배에서 벗어나고 싶지만 우리는 결코 우리 내면의 그 어두운 부분을 없앨 수 없습니다. 그러므로 우리는 우리 자신의 그림자를 그냥 끌어안고 가야 합니다.

다만 우리는 지혜로운 현자의 권고처럼 우리 자신의 그

림자를 안고 더 큰 나무 그늘로 쑥 들어가는 것입니다. 그 것은 바로 십자가 나무 그늘입니다. 빛과 그림자를 생겨나 게 하신 하나님의 크신 사랑의 그늘, 그것이 바로 십자가 나무 그늘입니다. 우리가 지닌 어두운 그림자는 그 큰 나 무 그늘로 들어가면 자취도 없이 사라집니다. 어두운 기 억, 상처, 두려움, 불안, 상실감 등 우리가 미워했던 그림 자는 하나님의 사랑의 큰 그늘로 들어가면 봄눈처럼 녹아 없어집니다.

"내가 그리스도와 함께 십자가에 못 박혔나니
그런즉 이제는 내가 산 것이 아니요
오직 내 안에 그리스도께서 사시는 것이라."

- 갈라디아서 2:20

바울의 고백처럼 우리가 십자가 그늘에 우리 자신을 온전히 내맡긴다면, 이제 우리 안에는 '내'가 아니라

'그리스도'가 사십니다. 그리스도가 우리 안에 사신다면, 우리는 더 이상 내 어두운 그림자의 지배를 받지 않을 것입니다. 그 때 비로소 우리는 참된 평안을 얻을 수 있습니다. 그러므로 우리는 자신의 그림자에 집착하여 그것을 없애려 애쓰기보다는 항상 십자가 나무 그늘 아래 머물면서 좀 더 많이 기도하고 깊은 묵상에 잠기기를 힘써야겠습니다.

나무는 내 마음의 의자.
삶의 향방을 잃고 정처 없을 때
나는 나무의 너른 품으로 달려간다네.

나무는 내 마음의 촛불.
칠흑처럼 어두운 심연에 고립되었을 때
나는 촛불을 켜든 나무에게로 간다네.

나무는 내 마음의 정거장.
무엇엔가 쫓기는 어린 짐승처럼 달리다 지쳤을 때
나는 큰 나무 그늘로 숨어드네.

나무는 내 마음의 성소.
나를 온전히 비워 성스런 제단에 바쳐지고 싶을 때
침묵의 향기 그윽한 나무에게 안긴다네.

# 그대 영혼의 성소가 있는가

큰 나무가 빽빽한 숲으로 들어가면 나는 하나님의 존재를
느낀다네.

—키케로

인간이 나무를 타고 하늘로 오르기를 꿈꾼다면, 하나님은 나무를 타고 몸소 지상으로 내려오시는 것일까요? 아브라함이 장막을 치고 살던 마므레 땅. "여호와께서 마므레의 상수리나무들이 있는 곳에서 아브라함에게 나타나시니라(창세기 18:1)." 이렇게 시작되는 아브라함의 이야기는 하나님과 인간이 하나로 소통할 수 있었던 행복한 시절을 떠올려줍니다.

　이런 일이 있기 전, 하나님이 가나안 땅을 그의 자손에게 주겠다고 약속하셨을 때도 아브라함은 모레의 상수리나무가 있는 곳에 제단을 쌓았습니다(창 12:7). 그곳은 바로 하나님이 나타나신 성소聖所였습니다. 우리는 여기서 히브리인들이 하나님을 모신 성소가 '나무'와 '제단'이 있던 곳이라는 것을 알 수 있습니다. 이렇게 보면 성소의 나무들은 하나님과 인간을 하나로 이어주는 신성한 매개이며 상징입니다.

　　똑바르게 서 있는 저 장엄한 나무들 사이로
　　나는 무릎 꿇은 채 걸어가리.

나에게 이런 날이 또 있을까.
기도할 곳을 만나는 이 날이.

기도하는 나무들은 일어나 달려간다.
한 번의 넘어짐도 없이, 태양을 향해.
그렇게 내 영혼도
중심의 불꽃을 향했으면.

— 작자미상 '나무의기도'


　마므레와 모레의 상수리나무들 아래 제단을 쌓은 아브
라함처럼 시인은 똑바르게 서서 '기도하는 나무들'을 바
라보며 자신의 '영혼도 중심의 불꽃을 향했으면' 하고 노
래하고 있습니다. 중심의 불꽃을 향하다니요! 시인이 노
래하는 '중심의 불꽃'이란 자기 생명의 원천이신 하나님
을 이르는 것입니다. 기도의 바람이 얼마나 절절합니까.
이 절절한 바람은 오직 태양을 향해서만 달려가는 나무가
불러일으켜준 자극 때문이지요.


　오늘 우리도 자기만의 성스러운 장소 곧 '성소'를 발견

하는 것은 꼭 필요한 일입니다. 분주함과 온갖 소음에 시달리며 자기를 잃어버린 현대인들은 그런 장소를 갈망합니다. '쉴 만한 곳, 정체성을 확인할 만한 곳'이 없어 외로움을 호소하는 이들은 자기만의 성소가 필요합니다. 영적인 거듭남과 재생을 위해서도 성소는 요청됩니다. 그 성소가 예배당일 수도 있고, 푸른 나무들이 있는 고요한 숲이나 수도원 같은 곳일 수도 있습니다. 물론 꼭 그런 곳이 아니어도 상관없습니다.

하여간 우리가 자기만의 성소를 발견할 때 우리의 병든 영혼이 치유되고 삶의 활력을 되찾을 수 있습니다. 잃어버린 자기의 정체성을 회복할 수 있습니다. 그리고 자기 생명의 주인이신 하나님과의 관계를 더욱 새롭게 할 수 있습니다. 상수리나무들이 있는 성소에서 하나님과 소통할 수 있었던 아브라함처럼 우리의 영혼이 성스러운 장소를 발견할 때, 우리는 비로소 살아 있음의 기쁨과 황홀을 누릴 수 있을 것입니다.

그대, 견딜 수 없이 외롭습니까.

그대, 어떤 상실의 슬픔에 젖어 있습니까.

그대, 마음 줄 데 없는 소외감에 젖어

이리저리 방황하고 있습니까.

그대 영혼이 쉴만한 성소를 발견하십시오.

나무들이 우거진 숲, 맑은 시냇가,

그대 몸을 누일 골방, 그곳이 어디든

그대 영혼이 쉴만한 곳을 찾으십시오.

그리고 그 성소에서 그대에게

세상이 주지 못하는 마음의 평화를 안겨주는

생명의 주인이신 님을 만나십시오,

님은 당신을 찾는 이들을 외면하지 않으십니다.

님은 그대를 외면하지 않으실 뿐 아니라

당신 자신의 눈동자처럼 아끼고 사랑하십니다.

그리고 그대 영혼이 이 땅에 머무는 동안

세상을 이길 생의 에너지를 넉넉히 공급해 주십니다.

나무는 저 홀로 나무일 수 없습니다. 꽃 역시 저 홀로 꽃일 수 없습니다. 나무나 꽃은,
저 아닌 것 때문에 나무나 꽃으로 존재할 수 있습니다. 이렇게 생각하면 어떤 훌륭한
나무나 아름다운 꽃도 우쭐대거나 자기를 내세우지 못할 것입니다.

나무는 저 홀로 나무일 수 없네

멈춰 서서 우리를 부르는 모성母性

뿌리가 거룩하면 가지도 거룩하네

고통을 치료하는 약이 그대 안에 있으니

나무가 나를 깨끗하게 하네

# 나무는 저 홀로 나무일 수 없네

모든 만물이 저 홀로 있지 않고
그물처럼 얽혀 있다는 것을 깨닫는 것이야말로
사랑할 수 있는 원초적 힘이라네.

나무 아래 앉아 들숨날숨을 지켜보며 묵상에 잠겼다가 눈을 뜨면 만물이 새롭게 보입니다. 또한 만물 가운데 홀로 독립해 있는 존재는 없다는 사실이 새삼스럽게 가슴에 젖어듭니다. 나에게 쉴만한 그늘과 싱그러운 향기를 뿜어 내준 나무들 역시 마찬가지입니다.

나무들은 저마다 홀로 우뚝 서 있는 것 같지만 사실은 그렇지 않습니다. 나무 둘레에는 눈부신 햇살이 춤을 춥니다. 어디서 불어오는지 알 수 없는 바람이 불어와 나뭇잎들을 어루만집니다. 비가 내릴 때는 빗방울들이 나무의 자태를 더욱 싱싱하게 가꿔줍니다. 우리의 육안으로는 볼 수 없지만, 뿌리를 감싼 흙과 돌멩이들이 나무에 영양을 공급해줍니다. 나무는 이처럼 만물과의 도타운 교류를 통해서 쑥쑥 자라고, 거대한 숲을 이룹니다.

나무는 저 홀로 나무일 수 없습니다. 꽃 역시 저 홀로 꽃일 수 없습니다. 나무나 꽃은, 저 아닌 것 때문에 나무나 꽃으로 존재할 수 있습니다. 이렇게 생각하면 어떤 홀륭한 나무나 아름다운 꽃도 우쭐대거나 자기를 내세우지 못할 것입니다. 사람도 마찬가지입니다. 자기애가 강한 사람들이 '나' 혹은 '나의 것'을 내세우지만, 따지고 보면 아무도 '나'나 '나의 것'을 주장할 수 없습니다. 내 몸을 이루고 있는 것들을 생각해 보아도, '나 아닌 것들' 없이 내 몸은 존재할 수도 없으니까 말입니다. 단 몇 분만이라도 공기가 없다면, 단 하루라도 태양이 빛을 비춰주지 않는다면, 우리는 이 세상에 존재할 수조차 없습니다.

그래서 바울은 자기 아닌 것들 때문에 자기 생명이 존재할 수 있음을 뼈저리게 깨닫고 나서 겸손히 고백합니다.
"나의 나 된 것은 하나님의 은혜입니다."
나의 '나 됨'을 가능하게 한 것이 '나 아닌 것들' 때문임을 그는 사무치게 알았던 거지요. 바울은 그 '나 아닌 것들'을 일컬어 '하나님의 은혜'라고 부릅니다.

이처럼 하나님의 은혜로 말미암아 자기의 됨됨이를 깨달은 이는 '나'라는 것이 따로 있다는 집착에서 자유로워집니다. '나'라는 것이 따로 있다고 생각하게 되면, '나'라는 감옥에 갇혀 수인囚人처럼 살 수밖에 없습니다. 이처럼 '나'라는 감옥에 갇힌 사람을 일컬어 성서는 '죄인'이라고 부릅니다. 예수님이 우리 가운데 오신 것은 '나'라는 것이 따로 있다는 환상에서 우리를 해방시켜 주시려는 것이었지요.

모름지기 '나'라는 것이 따로 있다는 환상에서 깨어나면, 우리도 나무처럼 자유롭게 춤출 수 있습니다. 햇살과 공기와 물과 바람과 어울려 춤출 수 있습니다. 그렇기에 해맑은 눈을 지닌 어떤 시인은 나무를 가리켜 '오직 하나님만이 지을 수 있는 아름다운 시詩'라고 노래하는 것인지도 모릅니다.

꽃들이 없었다면 나는
영혼의 젊음을 꽃피울 수 있다는 걸 몰랐을 겁니다.
지렁이들이 없었다면 나는
기름진 땅을 딛고 설 수 없었을 겁니다.
새나 나비들이 없었다면 나는
비상하는 기쁨이 있는 줄 몰랐을 겁니다.
물고기들이 없었다면 나는
영혼의 심연을 눈치 채지 못했을 겁니다.
구름이 없었다면 나는
자유를 꿈꿀 수 없었을 겁니다.
바람이 없었다면 나는
떠도는 환희를 맛볼 수 없었을 겁니다.
불이 없었다면 나는
이 얼음 창고 같은 세상을 견딜 수 없었을 겁니다.
강물이 없었다면 나는
자연의 순리를 배울 수 없었을 겁니다.
수평선이나 저녁놀이 없었다면 나는
값없는 것들의 소중함을 깨달을 수 없었을 겁니다.
푸른 나무들이 없었다면 나는
내 영혼의 성장을 어디 비춰볼 데가 없었을 겁니다.
해와 달과 별들의 눈짓이 없었다면 나는
빛에서 온 목숨, 빛으로 돌아감을 알 수 없었을 겁니다.
너, 너, 너… 없이
나는 아무것도 아무것도 아닙니다.

# 멈춰 서서 우리를 부르는 모성 母性

나무를 껴안고 가만히
귀 대어 보면
나무 속에서 어머니의 목소리가 들린다.

— 정호승의 시 〈그리운 목소리〉

나무에는 어머니와 같은 모성母性이 있다고 합니다. 나무의 넓은 품을 말하는 것이겠지요. 어머니와 같은 나무의 너른 품에는 새들이나 벌레들이 깃듭니다. 세상에서 상처 받은 사람들, 위로와 쉼이 필요한 사람들도 거기 깃듭니다.

세상에는 모성의 품이 필요한 사람이 있습니다. 세리장 삭개오 같은 사람입니다. 그는 로마의 앞잡이라는 이유로 겨레붙이에게도 따돌림을 당했습니다. 비난도 받았습니다. 그는 외로웠습니다. 그는 자기 삶의 정체성을 잃어버렸습니다. 그래서 그는 누군가 가까이 다가와 손 내밀어 주기를 바라고 있었습니다. 자기를 붙들어 줄 따뜻한 손이 그리웠습니다.

삭개오는 그런 따뜻한 손을 지녔다는 예수님에 관한 소문을 들었습니다. 그는 그분을 그리워하고 있었습니다. 그 때 그분이 자기가 사는 마을로 온다는 소식을 들었습니다. 그러나 막상 그분이 마을로 왔을 때, 그는 키가 작아 예수님의 얼굴조차 볼 수 없었습니다. 그는 다람쥐처럼 뽕나무 위로 기어 올라갔습니다. 뽕나무에 올라가자 시야가 확보되어 예수님의 얼굴을 볼 수 있었습니다. 어쩌면 그는 예수님을 먼발치에서 본 것만으로 만족하려 했는지도 모릅니다. 그런데, 바로 그 때 예수님이 뽕나무에 올라가 있는 그에게 다가왔습니다. 그리고 그를 불렀습니다.

"삭개오야, 나무에서 내려오너라. 내가 오늘 너의 집에 유하여야겠다."


나무가 멈춰 서서 우리를 부르는 모성이라면, 예수님은 먼저 다가와 안아 주시는 모성입니다. 물론 팔 벌려 다가와 안아 주는 모성이라도 그 너른 품에 안기지 않으면, 그 너른 품도 어쩔 수 없습니다.

하지만 삭개오는 그 품에 기꺼이 안겼습니다.

"삭개오야, 네 집에 오늘 구원이 임하였다."

그렇습니다. 삭개오가 예수로 말미암아 새 삶을 얻었으니 그것이 곧 구원이 아니겠습니까.

삭개오는 이제 자기가 살고 싶은 삶을 발견했습니다. 자기가 살고 싶지 않은 삶을 영위해 나가는 것만큼 불행한 일은 없습니다. 그것을 발견한 삭개오는 자기 소유를 버릴 수 있었습니다. 그토록 애지중지하던 소유를 버릴 수 있었던 것은 그 소유보다 더 값진 보화를 발견했기 때문입니다.

높은 망대에 올라 먼 데를 볼 수 있듯이
님을 제 중심에 모시고 나서
세상의 빈부와 귀천이 하찮게 여겨졌습니다.
님이 없는 그 어디에서도
이제 제 생의 의미를 찾을 수 없기에
그 동안 애지중지하던 것들을
물거품처럼 여길 수 있게 되었습니다.
육신의 눈이 멀고 영안靈眼이 열린 뒤에
좋은 일 궂은일도
귀인貴人을 맞듯 맞이할 수 있게 되었습니다.
우주 어머니이신
님의 너른 품에 안겨본 뒤에
제 왜소한 품을 넓혀
외롭고 쓸쓸한 이들을 벗해 사는
동행의 기쁨도 알게 되었습니다.
숱한 생의 장애를 벗 삼아 살아가는
슬기와 인내도
님의 품에 안긴 뒤에 얻은
그 어디에도 비길 데 없는 값진 선물입니다.

# 뿌리가 거룩하면 가지도 거룩하네

존재야말로 축복이며
삶이야말로 거룩한 것이다.

— 아브라함 요수아 헤셀

만물은 거룩합니다. 그 까닭은 만물이 하나님이 지으신 거룩한 대지에 뿌리박고 있기 때문입니다. 사람 역시 마찬가지입니다. 사람의 뿌리 되시는 하나님이 거룩한데 그 하나님께 뿌리박고 있는 사람인들 왜 거룩하지 않겠습니까. 세상 사람들이 망나니 같다고 손가락질하는 사람이나 마더 데레사처럼 성인으로 떠받드는 사람이나 똑같이 거룩합니다. 망나니나 성인이나 모두 거룩하신 하나님의 뿌리에서 자란 가지들이기 때문입니다. 바울 사도는 "뿌리가 거룩한즉 가지도 거룩하다(롬 11:6)"고 말했습니다. 뿌리가 거룩한데 뿌리에서 뻗어난 가지들이 거룩한 것은 당연한 이치 아니겠습니까.

우리는 거룩하게 되고자 애쓸 필요가 없습니다. 다만 우리는 하나님의 신성神聖에 뿌리박고 있는, 본래 거룩한 존재로 태어났음을 깨달으면 됩니다.

어느 날 나는 숲길을 걷다가
어쩌면 너무도 당연하지만

소중한 깨달음을 얻었다.
참나무는 참나무로 되려고
애쓰지 않는다는 것이다.
소나무도 소나무로 되려고
몸부림하지 않는다는 것이다.
참나무든 소나무든
나무들은
그저 자기의 본성에 충실할 뿐.

사람도 자기 본성에 충실하면 됩니다. 그러면 사람이
자기 본성에 충실한다는 말은 무슨 뜻일까요. 우리가 거
룩하신 이의 형상을 닮아 거룩한 존재로 태어났음을 알았
다면, 그리고 모든 만물이 거룩하다는 것을 알았다면, 우
리가 마주치는 모든 사물과 사람을 하나님처럼 공경하며
사는 것이 아닐까요.

바울 사도는 자기 몸을 속되게 여겨 함부로 다루는 사
람들에게, 사람의 몸은 '성령의 전殿'이라고 일러주었습

니다. 지금도 영靈은 하나님에게 속한 것이고 육肉은 세상에 속한 것이라 하여 자기 몸을 비하하고 함부로 대하는 이들이 없지 않습니다. 이런 이들에게 사람의 몸을 '성령의 전'이라고 한 바울의 가르침은 여전히 유효합니다. 언젠가 흙으로 돌아갈 몸이지만, 이 몸은 거룩하신 하나님의 영이 거하시는 '성소聖所'입니다. 이 성소 밖 어디서 우리가 하나님을 뵈옵겠습니까. 그러므로 내 몸이 '내' 몸이 아니고 '주인'이 따로 계신다는 자각으로 만물을 사랑하고 공경한다면, 그보다 보람차고 아름다운 일이 어디 또 있겠습니까.

천지만물 가운데

거룩한 것과 속된 것이

따로 있지 않다네.

저건 거룩하고

저건 속되다는

얕은 생각과 판단이 있을 뿐.

뿌리이신 님이 거룩한즉

가지인 나도 거룩하고

가지인 너도 거룩하며

가지에서 핀 꽃들과

열매들도 거룩하다는 것을

참나무도 알고

소나무도 알건만

왜 잊고 사는 걸까,

만물의 영장이라는 사람들은?

# 고통을 치료하는 약이 그대 안에 있느니

하나님 나라는 너희 안에 있느니라.

— 누가복음 17:21

소나무들이 많은 동해안에서 살 때 겪은 일입니다. 마을 입구에 큰 소나무들이 몇 그루 모여 있었는데, 소나무마다 껍질이 벗겨져 있었습니다. 나무 밑으로 마른 소똥이 잔뜩 널려 있는 것으로 보아, 나무 밑에 매어 놓은 소들이 소나무의 껍질을 벗겨먹은 것이 분명해 보였습니다.

그러나 소나무들은 껍질이 벗겨져 있는데도 시들어 죽지 않고 싱싱한 잎새들을 뽐내고 있었습니다. 소나무들을 자세히 살펴보니, 껍질이 벗겨진 나무 둥치마다 흰 송진이 흘러나와 굳어져 있었습니다. 소나무가 제 몸에서 흘려보낸 그 송진은, 상처 입은 제 몸을 스스로 치료하는 약이었던 셈입니다.

그걸 보는 순간, 한 시구가 스쳐갔습니다. 잘랄루딘 루미의 〈거울〉이라는 시입니다.

우리는 거울이자 그 속에 비치는 얼굴,
순간의 영원을 맛보고 있네.
우리는 고통이며 고통을 치료하는 약.
달콤한 생수인 우리는
그것을 퍼내는 항아리.

이 시에서 특히 '우리는 고통이며 고통을 치료하는 약' 이라는 시인의 탁월한 통찰에 주목합니다. 왜냐하면 제 몸의 상처를 스스로 치료하는 소나무와 딱 마주치는 바가 있기 때문입니다. 아무튼 '우리는 고통이며 고통을 치료하는 약' 이라는 함축적 표현이 우리에게 암시하는 것은 결국 우리의 눈길을 내면으로 돌리도록 일깨워줍니다. 다시 말하면, 우리가 겪는 숱한 생의 문제들에 대한 해답이 우리 안에 이미 주어져 있다는 것입니다.

우리는 행복을 우리 존재 바깥에서 찾아 헤매는 경우가 많습니다. 우리가 살면서 겪는 삶의 곤경, 장애, 고통의 문제를 다룰 때 우리는 외부에서만 해결책을 구합니다. 더욱이 물질적 가치만을 우선으로 여기는 현대인들은 삶의 내적 가치를 무시하거나 아예 외면합니다. 그러나 우리가 우리 존재 바깥에서 구하는 가치들, 예컨대 돈, 권력, 섹스, 명성 등은 우리에게 진정한 행복이나 기쁨을 가져다주지 못합니다.

그래서 예수님께서도 '하나님 나라는 너희 안에 있다'

고 하신 것입니다. 고통도 우리 안에 있고 고통을 치료하는 약도 우리 안에 있듯이, 우리에게 진정한 행복과 기쁨을 가져다주는 낙원도 우리 '안'에 있다는 것입니다. 우리가 낙원의 삶을 원한다면, 이미 우리 '안'에 있는 낙원을 발견하기만 하면 됩니다.

우리 안에 있는 그것을 발견하지 못하게 하는 것은 사실 우리 자신입니다. 뭔가를 더 덧붙이겠다고 하는 욕망과, 이미 지닌 것을 잃지 않을까 하는 두려움이 우리 안에 있는 낙원을 보는 눈을 멀게 만듭니다. 하지만 우리의 욕망과 두려움은 우리가 넘지 못할 장애는 아닙니다. 그 욕망과 두려움 역시 우리가 '안'에서 지어낸 것이기 때문입니다. 그러므로 우리의 시선을 내면으로 돌려 우리 자신이 지어낸 그 허상虛像을 깨뜨릴 수만 있다면, 우리는 욕망과 두려움이라는 허상에서 벗어나 낙원의 기쁨을 누릴 수 있을 것입니다.

그대가 들고 있는 푸른 나뭇잎을 뒤집어 보라.

그대 손바닥이다.

그대가 움켜쥔 흙에 코를 대어 보라.

그대 몸 냄새다.

그대와 악수하고 있는 이의 얼굴을 바라보라.

그대 존재의 이면裏面이다.

그대가 컵에 담아 마시는 물은

그대 심장을 흐르던 피며

그대 밥상을 풍성하게 한 곡물과 야채는

그대 숨결로 자란 것이다.

그대 삶을 향기롭게 한 하느님의 숨결은

그대 고요한 들숨날숨이며

그대 삶의 뜰을 낙원으로 바꿔준 저 꽃들은

그대 영혼의 불타는 열정이다.

그대가 그대 안에 살아있는 이와

사랑의 교감을 그치지 않을 때

그대를 돕는 이가 그대 곁을 떠나지 않으리라.

# 나무가 나를 깨끗하게 하네

나무는 우리를 비춰 보는 거울이다.
나무 아래 서면 한없이 겸허해진다.
그리고 나 자신을 부지런히 닦아
맑음의 힘을 키워야겠다는 결심을 하게 된다.

나무는 놀라운 정화력淨化力을 가졌습니다. 세상을 맑게 하는 힘 말입니다. 나무들은 더러운 물을 흡수하여 물의 더러움을 정화하고, 오염된 공기를 흡수하여 공기의 오염을 정화합니다. 나무의 그런 정화력이 세상을 맑게 하고 또한 인간을 비롯한 동물들을 살게 해줍니다.

나무는 물이나 공기뿐만 아니라 우리의 마음까지 맑게 해 줍니다. '늘 하늘빛에 젖어서 허공에 팔을 들고 촛불인 듯 지상을 밝혀주는 나무, 땅속 깊이 발을 묻고 하늘 구석을 쓸고 있는' (이성선) 나무 아래 서면, 탐욕으로 더러워진 마음이 저절로 정화되는 느낌에 젖습니다.

그 나무의 깨끗하게 하는 힘은 어디서 비롯되는 것일까요? 그것은 물론 깨끗한 나무 내부에서 비롯되는 것이겠지요. 더러운 걸레로 더러움은 씻어지지 않습니다. 깨끗한 걸레라야 더러움을 씻어낼 수 있습니다. 스스로 깨끗한 나무이기에 그 깨끗한 손으로 세상과 인간의 더러움을 닦아줄 수 있는 것입니다.

나무는 그래서 우리의 모습을 비춰 보는 거울입니다.

따라서 나무 아래 서면 한없이 겸허해집니다. 그리고 나 자신을 부지런히 닦고 닦아 맑음의 힘을 키워야겠다는 결심을 하게 됩니다. 세상의 더러움을 탓하기 전에 내 안의 더러움을 씻어내야겠다는 결심 말입니다. 사실 세상이 더러운 것은 내가 더럽기 때문입니다. 내가 더러운 걸레라면 어떻게 세상의 더러움을 닦을 수 있겠습니까.

그러므로 우리가 무슨 행위를 하기 전에 먼저 그 행위를 하는 내 마음이 깨끗해져야 합니다. 깨끗해진 마음이 아니면 우리가 아무리 대단한 행위를 하더라도 그 행위는 세상에 유익을 가져다주지 못합니다. 깨끗해진 마음으로 하는 행위, 곧 순수한 마음으로 한 행위는 죄나 덕의 찌꺼기를 남기지 않습니다. 예컨대 우리가 남에게 자선을 베풀고 나서 생색을 내거나 어떤 보상을 바란다면, 그것은 순수한 행위가 아닙니다. 그런 자선의 행위는 죄나 덕의 찌꺼기를 남깁니다. 그래서 예수님은 '오른손이 하는 일을 왼손이 모르게 하라'고 하신 것입니다. 사실 그 마음이 정화된 사람이 아니고는 이처럼 오른손이 하는 일을 왼손

조차 모르게 할 수는 없습니다. 즉 그렇게 할 수 있는 사람은 자신의 행위에 대한 아무런 보상이나 열매도 기대하지 않는 사람입니다.

일찍이 예수님은 이런 행위의 모범을 손수 보여주셨습니다. 예수님은 병자들을 고쳐주시고도 '병자의 믿음이 병을 낫게 했다'고 했고, 또 그 영광을 자신이 받지 않고 모두 하나님께 돌렸습니다. 이것은 예수님이 정화된 마음을 지니고 계셨기에 그렇게 하실 수 있었을 것입니다. 정화된 존재는 이처럼 자기 행위의 열매를 기꺼이 포기합니다. 마치 나무가 제 몸에 주렁주렁 열린 열매를 제것이라고 고집하지 않고 남에게 다 내어주듯이 말입니다.

그대의 주머니를 털어 선을 베풀었으면
그 행위 자체로 충분하다.
그 행위에 대한 열매를 포기하라.

말은 쉽지만 이렇게 하기는 쉽지 않습니다. 어떻게 하

면 이렇게 될 수 있을까요. 오늘도 말없이 우리를 정화하여 살 수 있도록 해주는 나무를 묵상하며 우리의 마음을 닦고 또 닦아 깨끗한 존재로 거듭나야 합니다. 마음이 깨끗해야 하나님을 볼 수 있다고 하지 않았습니까.

너에게 기대면 갑자기
맑은 사람이 되는구나.
너와 함께 있으면
다시 사랑에 눈뜨는구나.
사람에게 기대기보다
때로 네게 기대고 싶다.

— 이성선의 시 〈나무에게 주는 말〉에서

우리가 살아가면서 나누는 말들이 우리의 영혼을 풍요롭게 하는 소통의 도구로써 작용하지 못할 때, 그 숱한 말들은 우리를 지치게 만듭니다. 신령과 진정을 담아야 할 기도의 언어조차 내적인 절제와 정화를 거치지 않은 채 저잣거리의 소음처럼 들릴 때, 그런 말들 역시 우리의 영혼을 메마르게 할 뿐입니다.

숲, 하나님의 침묵 속으로

성스러운 불꽃 위에

마음의 뜰에 명상의 대나무를

훌훌 옷을 벗고

하늘로 올라가는 사다리

# 숲, 하나님의 침묵 속으로

우리는 말의 어미ᄆ인
하나님의 침묵 속으로 들어가야 한다.
숲은 하나님의 침묵이
가장 아름답게 드러난 모습이다.

늦가을 굴참나무 숲에는 산새들이 모여들어 지저귀고 있었습니다. 굴참나무 둥치 아래쪽으로는 마른 잎새들을 매달고 있는 칡덩굴이 휘감겨 있었습니다. 새들은 이리저리 얽히고설킨 칡덩굴 속을 들며날며 고운 목청으로 아름다운 생음악生音樂을 연주하고 있었습니다. 그런데 내가 가까이 다가가니 인기척을 알아챈 새들이 생음악을 뚝 그쳤습니다. 그 순간, 굴참나무 숲은 갑자기 침묵에 휩싸였습니다. 침묵과 생음악 사이에서 나는 잠시 어리둥절했습니다. 하지만 오랜만에 산에 든 나는 침묵도, 새들의 지저귐도, 그리고 그 사이에서 잠시 어리둥절해진 나 자신도 싫지 않았습니다. 아니, 오히려 깊은 숲에서만 맛볼 수 있는 그 낯선 느낌이 내 삶에 생기生氣를 불러 일으켜주었습니다.

침묵 속에서 인간은
하나님의 주변을 둘러싸고 있는 침묵에로 접근한다.
침묵 속에서 비로소
인간은 하나님의 신비와 대면한다.

— M. 삐까르

숱한 소음에 휩싸여 살아가는 우리들에게는 때때로 숲에 들어 숲이 제공하는 근원적 침묵 속에 잠길 필요가 있습니다. 우리가 살아가면서 나누는 말들이 우리의 영혼을 풍요롭게 하는 소통의 도구로써 작용하지 못할 때, 그 숱한 말들은 우리를 지치게 만듭니다. 신령과 진정을 담아야 할 기도의 언어조차 내적인 절제와 정화를 거치지 않은 채 저잣거리의 소음처럼 들릴 때, 그런 말들 역시 우리의 영혼을 메마르게 할 뿐입니다.

바로 이 때, 우리는 말의 어미母인 하나님의 침묵 속으로 들어가야 합니다. 숲은 하나님의 침묵이 가장 아름답게 드러난 모습입니다. 그 하나님의 침묵 속으로 들어가 우리는 우리 자신의 내면을 정화해야 합니다. 내면의 정화는 곧 우리의 언어를 정화하는 일입니다. 우리의 언어가 정화되어 그 진정한 소통의 능력을 회복할 때 우리의 언어는 우리 자신과 세상에 이로움을 제공할 수 있습니다.


그러므로 우리는 숲의 침묵을 배우는 일에 있어서 적극적이어야 합니다. 어떤 시인은 창조적 침묵에 대해 말하면서 '알을 품은 암탉의 끈질긴 침묵'을 우리에게 권합니다(미하일 나이미). 어린 시절에 나는 짚둥우리에서 알을 품는 암탉을 자주 보곤 했습니다. 알을 품은 암탉은 '신비스런 조물주의 손'이 스물하루 동안 부드러운 털이 덮인 자기 가슴과 날개에 기적의 생명을 갖다 준다고 믿고 꼼짝도 않고 침묵 속에서 기다립니다.

이 암탉의 이야기는 우리에게 왜 침묵이 필요한지를 나타내주는 참으로 멋진 상징입니다. 암탉이 침묵의 기다림 속에서 새 생명을 까듯이, 우리가 날마다 신생新生의 기쁨을 누리려면 자주 입에 재갈을 물리고 침묵 속으로 들어가야 할 것입니다.

벗이여, 숲의 나무들은
말 없는 침묵으로
침묵을 가르치는 스승이라네.
바람에 살랑거리는 나뭇잎에
침묵의 깃이 펄럭이고,
나뭇가지에 앉은 새들의 지저귐은
침묵의 나직한 속삭임이라네.
잎새와 잎새 사이
가지와 가지 사이로
흐르는 푸른 하늘과 구름,
싱그러운 공기 속에는
침묵의 신성이 살아 움직인다네.
보이지는 않지만
어두운 땅속에서 꿈틀대는 뿌리는
침묵의 원천에서
생동하는 말씀의 수액을 퍼올린다네.
벗이여, 숲으로 가세.
님의 침묵이 가장 아름답게 숨쉬는
숲으로 가세.

# 성스러운 불꽃 위에

예수님은 하나님의 거룩한 향연을 위한

거룩한 **빵**이 되도록

성스러운 불꽃 위에 자기를 올려놓으셨다.

햇살이 아직 따가운 구월 초순, 깊은 골짜기에 있는 옻나무 밭을 다녀왔습니다. 다른 나뭇잎들은 모두 푸르죽죽한데, 옻나무 잎들만 벌써 울긋불긋 단풍이 들어 있었습니다. 가까이 다가가서 옻나무들을 살펴보니, 그 까닭을 알 것 같았습니다. 옻나무들은 그 몸통에 무수한 칼자국이 나 있었습니다.

칠쟁이들은 옻진을 얻기 위해 옻나무의 껍질에 상처를 냅니다. 몸에서 흰 고름 같은 체액을 빼앗긴 옻나무들은 그래서 온몸이 상처투성이인 채 일찍 가을나무가 되고 마는 것입니다.

나와 함께 동행한 칠기 공예가는 옻나무가 토해내는 체액을 두고 '사랑의 고름'이라고 불렀습니다. 그렇다면 옻나무 둥치에 흉물스럽게 드러난 상처를 '사랑의 상처'라 부를 수 있을 것입니다.


〈도덕경〉이라는 5천자 짜리 책자를 세상에 남긴 노자는 세상의 출세와 부귀를 잊고 옻나무를 심어 옻진을 내어 팔아 생계를 꾸렸다고 합니다.

하루는 재상을 하고 있는 혜시라는 사람이 친구인 노자를 찾아왔습니다.

"그래, 옻나무 재배는 잘 되고 있는가?"

노자가 대답했습니다.

"암, 잘 되고 있다네. 뿐만 아니라 나는 옻나무로부터 많은 것을 배우고 있네."

혜시가 의아한 듯이 물었습니다.

"아니, 옻나무로부터 뭘 배운단 말인가?"

"옻나무만큼 진한 체액을 내뿜는 나무도 없지 않나? 옻나무는 그 체액으로 여러 종류의 제품들을 썩지 않도록 보존해 주고, 또한 아름다운 광택이 나도록 해주지. 그런데 옻나무의 그 체액이 그냥 흘러나오는 게 아니라 반드시 상처를 통해서 흘러나온다네. 옻나무를 보면 알겠지만 옻나무는 온통 상처투성이일세. 오래된 상처는 아물고 또 새로운 상처를 입고 하는 게 옻나무 아닌가? 나는 옻나무가 자신의 상처를 통해서 값진 것을 뿜어내는 것을 보며 참다운 인생을 생각한다네. 상처 없이는 체액이 나오지 않는 법일세!"

상처를 통해 자기 몸의 체액을 토해내는 옻나무를 생각하면 저절로 숙연해집니다. 옻나무가 자신의 상처를 통해서 뿜어내는 값진 것, 그것은 곧 '사랑'이 아니겠습니까.

'나'는 죽고 '너'를 살리는 사랑. 아니, 진정한 사랑을 깨달은 이에게는 '너'가 곧 '나'에 다름 아니라는 자각이 있기에 옻나무처럼 아낌없이 자기 몸을 내어줄 수 있을 것입니다.

친구를 위해 목숨을 버리는 사랑을 토로하신 예수님의 사랑이 바로 그렇지 않습니까. 예수님은 제자들에게 그런 사랑을 토로할 뿐만 아니라 당신 스스로 그렇게 목숨을 버리셨습니다.

시인 칼릴 지브란의 말처럼 예수님은 하나님의 거룩한 향연을 위한 거룩한 빵이 되도록 성스러운 불꽃 위에 자기를 올려놓으셨습니다.

시인의 전언대로 사랑은 '거룩한 빵'이 되는 것입니다. 빵이면 빵이지 왜 하필 '거룩한'이란 수식어를 붙일까요. 빵은 '먹힘'으로써 사랑을 완성하기 때문입니다. 빵은 먹힘으로써 먹는 이의 몸으로 변합니다. 결국 '먹히는 빵'과 그것을 '먹는 이'는 더 이상 둘이 아닙니다. 옹글게 하나가 되는 것입니다. 이처럼 옹근 하나 됨의 사랑을 일깨우기 위해 우리 곁에 오신 분이 바로 예수님이십니다.

벗이여, 상처 입은 옻나무를 보았는가.

그 상처에서 빛나는 광택이 나오듯

그대 받은 사랑의 상처, 결코 헛되지 않네.

그대 흘린 기도의 눈물, 결코 헛되지 않네.

그대도, 나도,

땅 위의 숱한 생명도

우주 어머니의 사랑의 모태母胎를

찢고 나왔음을 기억하시는가.

그 모태가 쏟아낸 붉은 피를 기억하시는가.

벗이여, 우리의 깨달음이 나날이 깊어져

사랑을 위해 기꺼이 상처받을 수 있도록

사랑을 위해 즐거이 피 흘릴 수 있도록

우리 님께 기도하세.

# 마음의 뜰에 명상의 대나무를

마음을 잘 다스리면

그것은 자유의 도구가 될 수도 있지만

마음을 잘 다스리지 못하면

그것은 속박의 도구가 될 수도 있다.

삶의 분주함에서 벗어나기 위해 한적한 대숲을 찾던 시절이 있었습니다. 살랑살랑 부는 바람결을 따라 서걱이는 댓잎 소리를 들으러 말입니다. 한여름에도 푸른 대숲에 들어 댓잎들 서걱이는 소리에 귀를 기울이면 서늘한 기운이 뼛속까지 스며듭니다.

모든 나무들이 향일성向日性이지만, 한줄기로 뻗어 오르며 자라는 대나무에 비할 나무가 있을까요. 수직으로만 상승하며 자라는 대나무의 향일성은 수도자의 모습을 연상하기에 충분합니다. 그 때 자주 찾아가곤 했던 숲의 대나무를 생각하면, 어떤 영적 스승이 들려준 감동적인 이야기 한 자락이 마음속을 파고듭니다.

옛날에 어느 나라의 왕과 왕비가 한 전람회장을 방문했습니다. 그들은 전람회장을 두루 다니며 전시된 물건들을 관람하다가 아름답게 조각된 한 상자에 눈길이 갔습니다. 왕이 그 상자를 가리키며 물었습니다.

"이 상자 속에는 무엇이 들었소?"

그 상자를 전시한 주인이 대답했습니다.

"이 상자는 작지만, 아주 귀한 것이 들었습니다. 폐하, 이 상자 속에는 요정이 들었는데, 이 요정은 무슨 일을 시켜도 단 일 초 안에 해치웁니다."

왕은 상자 주인에게 값을 치르고 그 상자를 샀습니다. 그리고 왕궁으로 돌아와 요정에게 일을 시켰습니다. 요정은 상자 주인의 말대로 시키는 일을 금세 해치웠습니다. 그리고 보채듯 말했습니다.

"할 일을 더 줘요. 그렇지 않으면 당신들을 먹어 버리겠어요."

왕과 왕비는 그날 밤 잠을 잘 수 없었습니다. 일을 끝낸 요정이 다른 일을 달라고 계속 요구하고, 그렇지 않으면 먹어 버리겠다고 으름장을 놓았기 때문입니다.

정말 큰일이었습니다. 이런저런 궁리 끝에 왕은 현자인 수상을 불러 자초지종을 얘기했습니다. 수상은 왕과 왕비를 안심시킨 뒤 요정을 부르더니 말했습니다.

"지금 당장 숲 속으로 가서 가장 큰 대나무를 가져오너라."

요정은 일 초 안에 큰 대나무를 가져왔습니다. 수상이 다시 명령했습니다.

"땅을 파고 이 대나무를 묻어라. 그리고 내가 시키는 일을 하고도 틈이 나면 그 때마다 이 대나무 장대를 오르내리도록 하여라."

이렇게 하여 요정은 쉬지 않고 계속 일을 하게 되었고, 왕과 왕비는 그 위험에서 구출되었습니다.

우리의 마음은 이 요정처럼 끊임없이 그 무언가를 요구합니다. 우리의 마음은 늘 이런저런 일로 분주하고 그래서 쉴 틈이라곤 없습니다. 대나무를 오르내리게 된 요정처럼 우리의 마음이 통제되지 않는다면 그것은 매우 위험한 일입니다. 마음을 잘 다스리면 그것은 자유의 도구가 될 수도 있지만, 마음을 잘 다스리지 못하면 그것은 속박의 도구가 될 수도 있습니다.

그렇다면 우리도 요정처럼 분주한 마음을 다스리기 위해 큰 대나무 하나가 필요하지 않겠습니까. 고요와 평온에 이르기 위해 우리 마음 뜰에 '기도의 대나무'를 세우면 어떻겠습니까. 우리의 중심이 오직 우리 존재의 근원이신 하나님만을 향하도록 하기 위해 우리 마음 뜰에 '명상의 대나무'를 하나 세우면 어떻겠습니까.

님이여, 제 마음이 늘 무언가로 분주하여
당신을 잊고 살 때가 많습니다.
중심의 중심이신 당신을 말입니다.
온갖 물욕과 탐심, 분주함에
휘둘리고 휘둘려
제 마음이 이리저리 요동칩니다.
나무가 하늘에서 눈길을 떼지 않듯이
항상 님께만 눈길을 향할 수 있도록
그래서
진정 한가로움과 평화를 누릴 수 있도록
님이여, 도와주옵소서.

# 훌훌 옷을 벗고

인간은 덜어 냄을 통해서만
자기의 참 모습을 발견할 수 있다.
덜어 냄, 자발적인 금욕은 우리의 영적 성장을 돕는다.

나무들은 겨울이 다가오면 제 몸의 무게를 덜어냅니다. 이파리로 향하던 수분을 뿌리로 보내어 겨울나기 준비를 하는 것이지요. 그렇게 되면 수분이 빠진 잎은 울긋불긋 물들어 떨어지고 맙니다. 물론 나무들이 지상에 노출된 가지에서 수분을 덜어내는 이유는 동사凍死를 막기 위해서이기도 합니다.

　　나무들은 그렇게 제 몸의 것들을 덜어냄으로써 겨우살이를 대비할 뿐만 아니라 파릇파릇 새 잎이 피어날 새 봄을 준비하는 것입니다. 자연의 아름다운 순리順理지요. 나무들은 이 순리를 거스른 적이 없습니다. 덜어냄을 통해서 나무들이 새 생명의 날을 준비하듯이 우리 인생에도 덜어냄은 반드시 필요합니다.


　　앙상한 겨울나무들의 자태를 바라보고 있으면, 앙상한 알몸이 되기를 두려워하는 인간의 탐욕스러움이 자연스럽게 대비됩니다. 붉은 알몸으로 돌아갈 것이 뻔한데도 그 알몸에 걸친 숱한 소유를 벗어버리지 못하는 어리석음! 보름달처럼 가득 차면 이지러지는 이 자연의 법칙은

변함이 없습니다. 하지만 욕망의 전차에 오른 인간들은 멈출 줄을 모릅니다. 뭔가 늘 부족하다고 느끼기 때문이지요. 복음서에 나오는 어리석은 부자처럼 쌓고 또 쌓을 창고를 넓힐 생각만 하는 것이지요.

어리석은 자여,
오늘밤에 네 영혼을 도로 찾으리니
그러면 네 준비한 것이
누구의 것이 되겠느냐?

— 누가복음 12:20

눈에 보이는 소유욕의 창고를 그렇게 넓히는 동안, 눈에 보이지 않는 내면세계는 날로 위축되고 황폐해질 수밖에 없습니다. 폐허가 된 마음에 내적 고요와 평화는 존재할 수 없습니다. 내적 고요와 평화는 삶을 풍성하게 꽃 피우고 열매 맺게 해 줄 뿌리에 해당합니다. 우리가 내적 고요와 평화를 잃어버렸을 때 외부적인 것에서 만족을 얻으려 하지만, 그 결핍과 갈증은 그 무엇으로도 채워지지 않습니다. 내적 고요와 평화를 상실한 채 뭔가를 더 보태려 하는 것은 웅덩이에서 샘물을 얻으려는 것과도 같지요. 그러므로 우리의 영적 삶의 여정에서 '덜어냄'은 필수적입니다.

> 하나님은
> 덧붙임을 통해서가 아니라
> 덜어냄을 통해서만
> 영혼 안에서 발견된다.
>
> ─마이스터 에크하르트

땅 위의 것들을 자꾸 덧붙임으로써 세속의 욕망을 채우려는 이는 그 영혼이 날로 앙상해질 뿐입니다. 욕망의 전차에 싣고 가는 지상의 양식으로는 영혼을 살찌울 수 없기 때문이지요.

인간은 덜어냄을 통해서만 자기의 참 모습을 발견할 수 있습니다. 덜어냄, 즉 자발적인 금욕은 우리의 영적 성장을 돕습니다. 피둥피둥 살찐 새가 하늘을 나는 것을 우리가 보지 못한 것처럼 세속적 욕망을 줄이지 않고는 하늘을 나는 비상飛翔의 기쁨을 누릴 수 없습니다. "마음이 가난한 자가 복이 있나니, 천국이 저의 것이라"는 산상수훈의 가르침은, 덜어냄의 자발적인 금욕으로만 천국의 문이 열린다는 말에 다름이 아닙니다.

예수 그리스도가 지신 십자가는 덜어냄, 비움의 표상입니다. 바울의 적절한 표현대로 '나'(예수)는 죽고 '하나님'(그리스도)만 현존하신다는 것을 드러내는 것이 십자가입니다. 나의 에고를 십자가에 못박아 버린 이는 이제 하나님 안에, 하나님과 더불어 살게 됩니다. 되풀이하면, 자기를 온전히 비울 때 우리는 자기의 참 모습을 발견할 수 있습니다. 나무를 '나'+'무' 無로 이해하는 이도 있는데, 그렇습니다, 나무에게는 '나'가 없다는 말은 정말 그럴듯한 표현입니다.

겨울이 되면 훌훌 옷을 벗어던지고 알몸으로 서있는

나무는, 그것을 깊이 바라볼 줄 아는 눈을 지닌 이에게는 좋은 스승입니다. 내가 사는 집 울타리 곁에 선 앙상한 대추나무 한 그루, 오늘의 좋은 묵상 재료입니다. 나는 고요히 눈을 감고 알몸의 대추나무를 떠올려봅니다!

눈의 아름다움은
잘 쌓이는積 데 있고
구름의 아름다움은
머물지 않는 데 있으며
달의 아름다움은
둥글었다 이지러졌다 하는 데 있다네.

그렇다면
인간의 아름다움은 어디에 있을까.

소리 없이 쌓이는
희디흰 눈의 고요와 침묵을 닮아
항상 내면을 환하게 밝히며,
하늘에 둥둥 떠가는 구름을 닮아
삶의 애증과 집착을 벗어 존재의 가벼움을 누리며,
차고 이우는 달을 닮아
채움과 비움이 자유자재한 영혼으로
사는 데 있지 않으랴.

# 하늘로 올라가는 사다리

사다리는
우리가 가진 인간성을 받아들일 때만
위로 인도할 수 있다.

— 안셀름 그륀

사다리를 보면 나무가 생각납니다. 대개 사다리가 나무로 만들어져 있기 때문이기도 하지만, 사다리는 나무처럼 하늘과 땅을 연결해주기 때문입니다. 사다리와 나무, 이 둘은 위로 올라가는 영성靈性의 길을 나타내는 적절한 표상입니다.

야곱은 광야에서 돌베개를 베고 자다가 꿈에 땅에서 하늘까지 닿아 있는 사다리를 봅니다. 사다리 꼭대기에는 하나님의 사자들이 오르락내리락하고 있었습니다. 이 때 야곱은 난생 처음으로 하나님이 자기 곁에 살아계신 것을 체험합니다.

"하나님께서 과연 여기 계시거늘 내가 알지 못하였도다."(창 28:16)

위로 올라가는 영성의 길을 보여주는 야곱의 이 영적 체험은 자칫 오해되기 십상입니다. 사다리는 위로 올라가도록 인도하는 매개임이 분명하지만, 그것은 또한 땅에 단단히 고정되어 있다는 것을 우리는 압니다. 안셀름 그륀의 말처럼 사다리는 우리가 가진 인간성을 받아들일 때만 우리를 위로 인도할 수 있습니다. 그러므로 하늘로 오르고 싶은 사람은 땅에 단단히 뿌리를 내려야 합니다.

영적 성숙을 나타낼 때의 '높이'라는 차원은 '깊이'라는 차원과 비례합니다. 성 프란체스코의 영적 높이는 벌거벗고 살았던 그이의 자발적 가난의 깊이와 무관치 않은 것이지요. 늙고 병들고 가난한 이들의 벗이었던 성녀聖女 마더 데레사의 영적 높이도 버림받은 이들의 고통의 바닥까지 내려가 그들과 더불어 고통을 나누었던 삶과 무관치 않을 것입니다.

사람들이 한 남자를 길거리에서 데려왔습니다.
그는 시궁창에 한 동안 빠져 있었다고 합니다.
그의 몸은 구더기와 먼지와 상처로 뒤범벅이 되어 있었습니다.
매우 힘들었지만 저는 그의 몸을 씻겨주었습니다.
바로 그 순간, 내가 그리스도의 몸을 만지고 있다는 것을 깨달았습니다.

─마더 데레사

예수님도 말씀하셨지요. 자신을 스스로 낮추는 사람은 높아질 것이고, 자신을 스스로 높이는 사람은 낮아질 것이라고요.

하늘을 푸르게 물들이며 높다랗게 자란 나무는 뿌리도 깊습니다. 뿌리 깊은 나무가 무성한 잎새와 풍성한 열매를 맺을 수 있습니다. 영혼의 정원을 풍성하게 가꾸려면, 우리 눈에 보이지는 않지만 뿌리가 메마르거나 영양이 결핍되지 않도록 잘 돌보아야 합니다. 그것은 곧 연약한 우리 자신을 너그러이 용납할 줄 알고, 같은 그리스도의 지체인 이웃의 고통을 함께 나눌 줄 알아야 한다는 걸 의미합니다. 우리의 몸과 영혼이 둘이 아니고, 나와 이웃이 뼈에 붙은 살처럼 그리스도 안에서 긴밀히 연결되어 있다는 걸 아는 것을 의미합니다.

우리의 내면에는 누구나 영적 성장의 표상으로서의 '사다리'가 있습니다. 높이 오르려면 깊이 파야 합니다.

님이여, 땅에 속한 것들,
겉모양이 휘황하고 현란한
물질에 대한 애착 때문에
하늘에 계신 당신을 망각하고 사는
어리석음에 빠지지 않게 도우소서.
님이여, 또한 하늘에 있는 것들에
맛들이고 매혹되어
당신의 사랑과 창조의 숨결이 깃든
피조의 세상을 외면하는
어리석음도 저지르게 않게 도우소서.
하늘에 닿는 사다리는
또한 땅에서 시작됨을 늘 기억하고
균형 잡힌 삶을 살도록 도와주소서.

무거운 짐 진 자들이 예수님에게 나오면 쉼을 얻습니다. 그러나 무거운 짐 진 자가 스스로 그 짐을 내려놓지 않으면 예수님일지라도 그에게 쉼을 줄 수 없습니다. 항아리에 채워진 것을 비워야 다른 것을 채울 수 있습니다.

마음이 폐허가 되었을 때

뿌리를 보는 눈

고독 속에 머물기를 즐기라

값없는 게 귀하다네

나는 님의 손에 들린 지팡이

# 마음이 폐허가 되었을 때

시련이 닥칠 때 마음은 폐허처럼 되고 만다.

하지만 이 폐허는 귀중한 보화

즉 알려지길 바라시는 하나님.을 품고 있다.

— 안네마리 쉼멜

한 사람이 로뎀나무 그늘로 숨을 헐떡이며 기어들었습니다. 몸도 지치고 마음도 폐허가 된, 바로 선지자 엘리야였습니다. 자기 목숨을 노리는 적에게 쫓기다 절망하여 그는 하나님에게 차라리 죽기를 간청합니다. 그러다가 로뎀나무 그늘에서 깊이 잠이 들었습니다.

로뎀나무가 볼 줄 아는 눈과 말할 줄 아는 입을 가졌다면, 자기 품에 뛰어든 엘리야를 내려다보며 이렇게 중얼거렸을 것입니다. '쯧쯧, 많이 지쳤구나. 곤하게 잠든 걸 보니! 무얼 할 수 있는 힘과 의지가 다 고갈되었구나. 이제 너의 고집도 의지도 다 내려놓으렴. 그리고 네 생명의 주인에게 모든 걸 맡기라구!'

로뎀나무 그늘은 어머니의 품과도 같습니다. 엘리야는 어머니의 품과 같은 그늘에서 깊은 잠에 빠져 있습니다. 잠든 이는 지금 가장 낮은 자세로 누워 있습니다. 가장 낮은 자세란 모든 것을 다 '놓아버린' 이의 자세를 말합니다. 우상숭배자(바알 선지자들)과 대결하며 하늘에서 불을 끌어내리는 기적을 일으키고, 그들을 모조리 칼로 베어버리던 의기양양한 승리자의 모습은 사라지고 그는 마치 죽은 시신처럼 누워 있습니다. 그는 이제 세상에서 존재하지 않는 듯 보입니다. 잠에 골아떨어진 그는 비존재처럼 보입니다.

그렇다면 잠은 인생을 소모하는 시간일까요. 그렇지 않습니다. 잠은 잠든 이에게 활력을 찾을 수 있게 해줍니다. 잠은 때로 잠든 이에게 신생新生의 기회를 제공합니다. 그래서 어떤 이는, 잠도 영성靈性을 드높이는 한 방법이라고 말했습니다(사티쉬 쿠마르). 엘리야는 잠을 자다가 하나님의 사자를 만나고, 하나님의 사자가 부드럽게 어루만져주는 은총을 입고, 고갈된 몸과 영혼의 에너지를 충전할 양식을 얻습니다.

이것은 그가 자기를 나무 그늘 아래 내려놓았을 때 얻은 신생의 은총이었습니다. 과거의 엘리야는 죽었습니다. 그리고 그의 생명의 주인이신 하나님이 그 안에 살게 되었습니다. 이것이 진정한 신생新生입니다. 쉼멜의 말처럼 우리의 마음이 폐허가 되었을 때 '알려지길 바라시는 하나님'이 비로소 우리 안에서 활동하기 시작하시는 것이지요. 즉 인간의 실패는 하나님의 기회가 되는 것입니다.

> 수고하고 무거운 짐 진 자들아,
> 다 내게로 오라.
> 내가 너희를 쉬게 하리라.
>
> -마태복음 11:28

무거운 짐 진 자들이 예수님에게 나오면 쉼을 얻습니다. 그러나 무거운 짐 진 자가 스스로 그 짐을 내려놓지 않으면 예수님일지라도 그에게 쉼을 줄 수 없습니다. 항아리에 채워진 것을 비워야 다른 것을 채울 수 있습니다. 이처럼 우리를 무겁게 하는 것들을 마음에서 내려놓을 때 비로소 그 존재의 무거움에서 가벼워지는 은총을 얻을 수 있습니다.

그대 덧없는 것들을 놓지 못해
잠 못 이루고 뒤척이는 밤,
암탉이 둥우리에서 알을 품듯
이런 의문을 품어 굴려보면 어떨까.

물욕物慾의 매혹에서 눈길을 떼면
님의 눈길이 내게로 향하실까.
명성에 붙잡힌 손을 놓으면
님이 다정스레 내 손 잡아주실까.
숱한 집착을 툭툭 털어낼 수 있으면
님이 자유의 문 활짝 열어주실까.

그대 잠 못 이루고 뒤척이는 밤,
폐허가 된 그대 빈 마음 들여다볼 때
알려지길 바라시는 님을 뵈옵는
은총을 입을 수도 있으리.

# 뿌리를 보는 눈

사물과 존재들이 겉에서 보면 동떨어져 보이지만
표면 안으로 들어가면 서로 가까워지다가
가장 깊은 중심에서는 모두 하나로 된다.

— 하즈라트 이나야트 한

사물의 겉만 보고 속을 보지 못하는 사람은 눈먼 사람입니다. 나무의 가지와 잎만 보고 뿌리를 보지 못하는 사람은 눈먼 사람입니다. 이 눈먼 사람들 때문에 세상에는 다툼이 생기고 차별이 생기고 피비린내 풍기는 전쟁이 끊일 날이 없습니다. 제대로 눈이 열린 사람은 사물과 사람의 겉과 속을 다 봅니다. 즉 전체를 본다는 말입니다.

　인도에는 세계에서 가장 큰 반얀나무라는 나무가 있다고 하는데, 그 나뭇가지들을 펼친 둘레가 거의 오백 미터에 이른다고 합니다. 한 그루의 나무가 숲을 이룬 것이지요. 오백 미터에 이르는 그 나무의 숱한 가지들과 숱한 잎들은 헤아릴 수 없이 많지만, 그 뿌리는 하나입니다. 이 신비한 나무뿐만 아니라 사실상 모든 나무들이 그렇습니다. 큰 나무를 보면, 우리는 뿌리 역시 굉장하겠구나, 짐작합니다.

　이처럼 나무의 잎과 가지, 뿌리를 다 볼 수 있는 눈을 일컬어, 우리는 영의 눈靈眼이 열렸다고 말합니다. 수십억 인간의 얼굴이 다 다르지만, 영의 눈이 열린 사람은 인간의 뿌리가 하나라는 것을 압니다. 피부색, 언어, 종교, 계급, 사회적 지위 등이 다른 숱한 인간들이 지구별에 살지만, 그 뿌리는 하나라는 것도 압니다. 숱한 인간들 사이의 차이에도 불구하고 그 뿌리가 하나임을 아는 사람은 자기와 차이가 난다고 남을 차별하지 않습니다.

자기와 다르다고 남을 차별하는 것은 거죽의 차이만 알았지 뿌리의 하나 됨을 보지 못하기 때문입니다. 영의 눈이 열려 사람의 겉과 속을 다 보는 사람에게는 따로 '남'이라 부를 만한 사람이 없습니다. 눈은 뜨고 있으나 그 하나임을 알지 못하는 사람은 맹인이나 다름없지요. 그래서 예수님은 바리새인들을 두고 차라리 맹인으로 태어났으면 좋을 뻔했다고 탄식했습니다. 그들은 사람을 겉모양으로만 판단하고 차별하고 정죄했기 때문입니다.

그처럼 눈먼 사람은 태양이 숱한 사람의 눈동자에 비춰니 태양이 숱하게 많다고 할 것입니다. 그러나 숱한 사람의 눈동자에 태양이 떠오른다고 태양이 수십억 개이겠습니까. 달이 숱한 강물과 호수 위에 떠오른다고 달이 수만

개이겠습니까. 믿음을 가진 숱한 사람이 하나님을 그 가슴에 모시지만 하나님이 사람 수만큼 여러 분이시겠습니까. 아니지요. 하나님은 한 분이지요.

그러므로 믿음의 길을 걷는 우리에게 무엇보다 중요한 것은 '눈을 뜨는 일'입니다. 눈에 보이는 나무의 거죽만 보던 존재가, 눈에 보이지 않는 그 뿌리를 보는 일입니다. '나'와 '너'의 차이를 보던 존재가 '나'와 '너'의 차이가 사라지고 궁극적 근원에서 하나라고 하는 것을 보는 일입니다. "몸의 지체가 많으나 한몸임"을 보는 일입니다. 그리하여 "한 지체가 고통을 받으면 모든 지체가 함께 고통을 받고, 한 지체가 영광을 얻으면 모든 지체가 함께 즐거워하는(고전 12:12-26)" 일인 것입니다.

나의 얼굴과 너의 얼굴이 달라도

하나임을 아는 사람,

그는 하나님의 마음을 가진 사람입니다.

나의 빛깔과 너의 빛깔이 달라도

한뿌리에 속한 것을 아는 사람,

그의 눈빛엔 하나님의 사랑이 출렁입니다.

하나님의 사랑의 물결이 출렁일 때

그는 사람은 혼자서는 아름다울 수 없다는 걸 압니다.

저마다 가는 길이 달라도

저마다 흙 위에 남기는 발자국이 달라도

그는 생의 목적지가 하나라는 것을 압니다.

모든 이의 눈과 마음속에

사랑의 신성神性이 살아 숨쉬는 것을 알기에

그리고 그 뿌리는 하나임을 알기에

그는 사람들과 기꺼이 어울리며

사람들과 더불어 고통 받기를 즐깁니다.

나무가 향기로운 꽃잎을 날리듯

그가 가는 길 위에 흩뿌리는 사랑의 향기는

님에게서 비롯된 향기랍니다.

# 고독 속에 머물기를 즐기라

나는 편도나무에게 말했노라.

편도나무야, 나에게 하나님에 대해 이야기해다오.

편도나무야, 나에게 하나님에 대해 이야기해다오.

그러자 편도나무가 꽃을 활짝 피웠다.

— 에크하르트 톨레

안식년을 맞아 찾아간 남녘의 한 수도원은 숱한 나무들에 둘러싸여 있었습니다. 산호수나무, 월계수나무, 치자나무, 은목서나무 등 낯선 활엽수들이 각각 그 고유의 빛깔과 향기로 나를 반겨주었습니다. 수도원에 머무는 동안, 홀로 있는 시간이 많았습니다. 나무들은 나에게 고독의 공간을 만들어주었습니다. 푸른 나무들과 더불어 고독의 공간 속에 머물러 있는 것이 그렇게 좋을 수가 없었습니다. 카잔차키스의 말처럼 나무들은 푸른 잎사귀들을 흔들고 꽃들을 피울 때마다 나에게 살아계신 하나님에 대해 이야기해주는 것만 같았습니다.

이제 나는 그를 꾀어내어 빈들로 나가
사랑을 속삭여 주리라.

-호세아2:14

하나님께서는 친교를 나누시기 위해 사람을 부르실 때 빈 들 같은 조용한 장소를 택하시어 속삭이십니다. 그리고 육신의 귀가 아니라 마음의 귀에 말씀하십니다. '내가 너를 내 눈동자처럼 사랑한다' 고!

베르나르도 성인은 책이나 거룩한 사람들보다도 참나무들이 우거진 숲 속에서 하나님의 사랑을 더 많이 배웠다고 했습니다. 예로니모 성인도 거대한 로마의 찬란함을 떠나서 베들레헴의 한 동굴에 살면서 이렇게 외쳤다고 합니다.

"오, 고독이여, 하나님께서는 바로 이 고독 속에서 당신의 사람에게 너무나 친근히 말씀하십니다."

고독은 우리가 하나님께 마음을 모으는 데 꼭 필요합니다. 고독은 우리의 종교성을 일깨웁니다. 예수를 비롯한 성인들은 소란한 세상에서 하나님을 만날 수 없기 때문에 황량한 사막이나 외로운 동굴, 그리고 은거할 수 있는 숲을 찾았습니다. 그들은 고독 속에서 하나님과 마음과 마음으로 이야기할 수 있었습니다.

아빌라의 데레사 성인은 어느날 홀로 기도하다가 하나님의 음성을 들었다고 합니다.

"나는 많은 사람에게 말하고 싶지만, 세상이 그들의 마음속을 너무 시끄럽게 만들어서 그들은 나의 목소리를 들을 수 없다."

그렇습니다. 하나님은 우리가 고독 속에 있을 때 당신 자신을 더 잘 드러내십니다. 사람들이 고독을 사랑하지 않는 것은 자기를 깊이 들여다보기가 두렵고, 자기 안에 살아계신 분의 모습을 마주하는 것이 두렵기 때문입니다. 그래서 소란과 분주함 속에 머물며 진정으로 자신이 누구인지를 발견하는 일을 내일로 내일로 미룹니다. 고독의 공간 속에 머물기를 두려워하는 사람은 데레사 성인에게 하신 주님의 말씀처럼 살아계신 하나님의 음성을 들을 수 없습니다.

마르다와 마리아의 집을 찾으신 예수님은 이런저런 일로 분주한 마르다에게 이렇게 말씀하셨습니다. "마르다야, 네가 많은 일로 염려하고 근심하나 한 가지만이라도 족하니라. 마리아는 이 좋은 편을 택하였으니, 빼앗기지 아니하리라."

- 누가복음 10:42

고독을 사랑하는 사람, 그는 하나님과 사귀는 일로 만족합니다.

고독 속에 머물기를 즐기십시오.
숲 속이든
동굴이든 골방이든
고독 속에 머물기를 즐기십시오.
신성한 고독의 공간에서
벌떼처럼 잉잉거리는
마음속 소음이 사라질 때,
원숭이처럼 이리저리 날뛰는
마음의 분주함을 내려놓았을 때
고요가 찾아옵니다.
평화가 깃들입니다.
고독 속에
머물기를 즐기십시오.
그대 속에 살아계시는
님의 숨결을 느끼고 싶거든
고독 속에
머물기를 즐기십시오.

# 값없는 게 귀하다네

나무 한 그루를 심는 것은 삶을 들어 올리는 일이다.
나무는 바라보기에 즐겁고 영혼을 하늘로 들어 올린다.
나무 한 그루를 심는 것은 영적인 의미를 지니는 것이다.
우리 모두는 생명나무의 가지들이며, 삶과 죽음을 함께 나눠 갖고 있기에.

— 시몬스

새벽에 일어나면 가까운 숲으로 산책을 나섭니다. 새벽 숲은 은빛 이슬로 함초롬히 젖어 있습니다. 아침 햇살이 피어오르면 숲의 나무들은 기지개를 켜며 푸른빛을 한껏 토해냅니다. 나는 그 푸른빛에 기대어 하루를 살아갈 활력을 얻습니다. 나무들이 베풀어주는 값없는 선물입니다.

값없는 게 귀합니다. 값진 금화나 보석 따위는 없어도 살지만, 공기나 나무나 햇살 같은 것이 없으면 우리는 살수 없습니다. 저녁놀, 무지개, 수평선, 어둠 같은 것이 없다면 우리는 생명을 영위할 수 없습니다. 오직 돈의 노예가 되어 살아가는 현대인들은 이처럼 값없는 것들의 소중함을 잃어버렸습니다. 그 결과 몸과 마음이 병들고, 그 삶이 점점 더 메말라져 갈 수밖에 없습니다.

시몬스의 말처럼 나무를 바라보며 사는 사람은 건강한 삶을 누릴 수 있습니다. 기도하듯 오직 하늘을 우러르며 사는 나무들, 대지에 굳게 뿌리 내리고 젊음의 수액을 퍼올려 생명의 푸르름을 퍼뜨리는 나무들, 이런 나무들을

바라보고 사는 이가 어찌 그 영혼을 하늘로 들어올리지
않을 수 있겠습니까.

나무들은
난 그대로가 그냥 집 한 채.
새들이나 벌레들만이 거기
깃든다고 사람들은 생각하면서
까맣게 모른다 자기들이 실은
얼마나 나무에 깃들여 사는지를!

— 정현종 〈나무에 깃들여〉

인간이 지구 위에서 환경 재앙을 이겨내며 안전하게 살
아가려면, 지구 인간 1인당 1,000그루의 나무가 필요하다
고 합니다. 인간은 이처럼 나무에 기대어 삽니다. 자연 안
에서 모든 생명체가 상호 의존하며 사는 것처럼, 인간과
나무는 떼려야 뗄 수 없는 관계에 있습니다. 인간이 다른
생명체와의 관계를 무시하고 독자적으로 살 수 있는 것처
럼 함부로 나무를 베고 다른 생명을 학대하는 것은, 하나

님의 창조 질서를 해치는 오만이 아닐 수 없습니다.

일찍이 이것을 깨달은 성 프란체스코 같은 성인은 나무, 물, 공기, 불을 친 형제자매로 대했습니다. 그는 나무 한 그루, 물 한 모금에도 영적인 의미를 부여했습니다. 값없는 것들이지만, 그 값없는 것들이 없으면 우리의 영혼은 이 지상에 발붙일 수조차 없기 때문입니다.

우리의 영혼이 값진 것은 우리의 영혼을 값없이 떠받쳐 주는 다른 생명체들 때문입니다.

키 큰 나무 아래 서면,

우리는 겸허해질 수밖에 없네.

키 큰 나무 아래 서서

하늘을 우러르면,

우리의 영혼을 하늘로 들어올려 주는

값없는 은혜에

감사의 두 손을 모을 수밖에 없네.

키 큰 나무 아래 서서

눈을 감고 명상에 잠기면,

내 영혼도

키 큰 나무처럼 쑥쑥 자라나야겠다는

새로운 다짐을 하게 된다네.

# 나는 님의 손에 들린 지팡이

인간의 고귀한 지위가 명백해지려면, 하나님과 한패가 되어라.

그리고 자신의 물질적 본성에 따라 행동하지 않으려고 노력해야 한다.

그런 뒤에야 인간은 모세의 지팡이가 되어 마술사의 뱀을 삼킬 수 있다.

— 에크하르트 톨레

나무로 만든 지팡이는 예로부터 마법사와 샤만, 그리고 주술사들의 상징이었습니다. 그들의 손에 들린 지팡이는 성스러운 속성을 지녔습니다. 또한 지팡이는 양떼를 이끄는 목자, 민중을 인도하는 사제나 성인들의 상징이기도 했습니다. 한낱 양치는 목자에 지나지 않던 모세, 양떼를 이끌 때 쓰던 작대기에 불과하던 지팡이는 하나님의 소명에 의해 전혀 다른 속성을 지니게 되었습니다.

　모세가 하나님을 처음 만난 것은 불에 타지 않는 떨기나무 불꽃을 보았을 때였습니다. 그 기이한, 타지 않는 떨기나무의 모습으로 자신을 드러내신 하나님은 모세가 감당하기 힘든 명령을 내립니다. 이집트에서 박해받고 있는 동족을 구하라는 것이었습니다. 갈등에 빠진 그는 하나님께서 그 명령을 거두어주시기를 간청합니다. 그러나 하나님은 양치기 모세에게, 손에 들고 있는 것이 무엇이냐고 묻습니다.

　"지팡이입니다."

　"그 지팡이를 땅에 던져라."

　모세가 지팡이를 땅에 던지니 뱀이 되었습니다. 그는

흠칫 놀라 뒷걸음질을 칩니다.

"손을 내밀어 뱀의 꼬리를 잡아라."

뱀의 꼬리를 잡으니 도로 지팡이가 되었습니다. 그 때 하나님이 말씀하십니다.

"내가 너의 힘이 되어 주겠다. 이 지팡이를 손에 잡고 가거라. 이것으로 이스라엘 백성과 바로에게 이적을 보여 주어라."

바로 이 지팡이가 이집트의 바로 왕 앞에서 뱀으로 변해 이집트 마술사들이 던진 지팡이–뱀을 삼켜버리고, 이집트 땅에 열 가지 재앙을 내리고, 홍해를 갈라 길을 내게 되는 것입니다.

양치기의 손에 들렸던 지팡이가 이제 하나님의 성스러운 소명을 받드는 지팡이로 변하였습니다. 똑같은 나무 막대기였지만, 그 쓰임새가 바뀐 것입니다. 똑같은 이름으로 불리는 모세였지만, 그는 이제 양떼 틈에서나 지내는 목동이 아니었습니다.

모세는 이제 하나님의 손에 들린 지팡이였습니다. 하나

님의 소명이 그의 생의 전부였습니다. 지팡이를 던지라면 던지고 지팡이를 잡으라면 잡는, 순명順命의 인생으로 바뀐 것입니다. 바로에게 가라면 가고 가지 말라면 가지 않는, 순종의 인생으로 변한 것입니다. 하나님의 손에 들린 지팡이가 되는 순간, 그는 젊은 날 살인조차 마다 않던 혈기와 고집도 다 내던져 버렸습니다.

생의 주인은 이제 자신이 아니었습니다. 나무로 만들어진 지팡이에게 자기 의지나 자기주장이 없는 것처럼 하나님의 지팡이가 된 모세에게도 그런 게 남아 있지 않았습니다. 하나님의 지팡이가 된 그는, 하나님 한분만을 의지하며 살았습니다.

그는 이제 하나님 이외에는 아무도 두려워하지 않았습니다. 무소불위의 권력을 휘두르던 바로 왕도, 백성들도 두려워하지 않았습니다. 진정으로 큰 두려움을 발견한 자는 작은 두려움에 마음을 빼앗기지 않습니다. 주인의 손에 들린 지팡이처럼 그는 자기의 생명이 하나님에게 속해 있음을 잘 알고 있었습니다. 이스라엘 백성과 더불어 광야생활을 하는 동안 무수한 고통과 시련이 있었지만, 그는 하나님에 대한 불굴의 신뢰 속에 살았습니다.

　그 불굴의 신뢰를 보여주는 한 대목이 곧 물이 없어 아우성치는 백성 앞에서 하나님의 명령을 따라 바위를 지팡이로 내려치는 대목입니다.

　"반석을 치면 물이 나오리라."

　이 말씀에 순종하여 모세는 손에 든 지팡이로 반석을 쳤습니다. 지팡이가 부러지지 않고 놀랍게도 물이 펑펑 솟구쳤습니다.

　불굴의 신뢰가 없이는 따르기 어려운 일이 아니던가요. 아니, 하나님에게 온전히 항복降伏한 인생이기에 그런 순종이 가능했을 것입니다.

　진정으로 하나님과의 일치에서 오는 기쁨과 행복을 누리려면, 먼저 주인이신 분에게 백기白旗를 들고 항복해야 할 것입니다. 모세의 손에 들린 지팡이는 하나님을 향한 항복의 표시인 백기에 다름 아니었습니다.

흙으로 된 몸이 풀어지기 전에
생명의 님 모셨으니
얼마나 고맙고 고마운 일인가.
생명의 님 모신 인생에게
'나' 라고 주장할 만한 것은 없네.
사람 손에 붙들린 지팡이에게
제 주장이나 의지가 없듯이
님의 손에 붙들린 지팡이인 나는
님의 뜻만 헤아리며 갈 뿐이네.
길 가다 만나는 숱한 시련과 고통도
생의 고마운 징검다리,
길을 가로막는 바위 같은 숱한 장애도
낙원으로 안내하는 천사라네.
얼마나 고맙고 고마운 일인가.
흙으로 된 몸이 풀어지기 전에
이런 깨달음을 주셨으니!

우리의 삶은 빛과 어둠, 선과 악, 사랑과 미움이 공존합니다. 우리는 태양이 빛나는 대낮을 좋아하지만, 어둠으로 뒤덮이는 밤이 없으면 생명 있는 것들은 살지 못합니다. 나무를 보아도 나뭇가지와 잎은 햇빛을 받아야 살지만, 뿌리는 땅 속 어둠 속에 있어야 제대로 자랄 수 있습니다.

진기한 나무의 교훈

나무 껴안기

하나도 아니지만 둘도 아니라네

우리를 살리는 희귀한 약초

나무는 위대한 명상가

# 진기한 나무의 교훈

우리는 태양이 빛나는 대낮을 좋아하지만
어두운 밤이 없으면 생명 있는 것들은 살지 못한다.
나무를 보아도 나뭇가지와 잎은 햇빛을 받아야 살지만
뿌리는 땅속 어둠 속에 있어야 제대로 자랄 수 있다.

옛날 어느 나라에 진기한 나무가 있었습니다. 메마른 황야에 넓게 가지를 벌린 거대한 그 나무에는 황금빛 열매가 탐스럽게 달려 있었지요. 그러나 그 나무에 매달린 열매의 절반쯤은 독을 가지고 있었기 때문에 아무도 그 열매에 손을 대지 못했습니다. 물론 절반쯤은 생명을 주는 열매가 달려 있었습니다. 그런데 그 나라에 무서운 기근이 몰아닥쳤습니다. 나라 안에 식물들이 모두 말라 죽었기 때문에 먹을 거라곤 아무것도 없었습니다. 황야의 그 나무만이 여느 해와 다름없이 황금빛 열매를 주렁주렁 맺고 있었습니다.

너무 굶주린 사람들은 모두 그 나무 밑으로 몰려들었습니다. 하지만 생명과 죽음을 동시에 담고 있는 나무 열매에 선뜻 손을 대는 사람이 없었습니다. 그런데 굶어죽기 직전의 아들을 가진 한 사내가 오른쪽 나뭇가지 밑으로 가서 열매를 땄습니다. 그리고 눈을 감고 열매를 꿀꺽 삼켰습니다. 하지만 사내는 죽지 않았습니다. 사내를 지켜보던 사람들이 너도 나도 오른쪽 나뭇가지에 달린 열매를 따서 먹기 시작했습니다. 놀라운 것은 따먹는 즉시 그 자리에 탐스런 열매가 열렸습니다. 그날 이후로 사람들은 나무의 어느 쪽 가지에 해로운 열매가 달리는지 알게 되었습니다. 독이 든 나뭇가지 쪽의 열매를 증오와 멸시의 눈초리로 바라보던 사람들은 마침내 톱을 가져다가 그쪽 나뭇가지를 다 베어내 버렸습니다.

그런데 다음날, 오른쪽 가지에 달렸던 좋은 과일들이 전부 땅 위에 떨어져 썩고 있었습니다. 자기 몸의 절반이 잘려나간 나무에는 메마른 나뭇잎 몇 장만 간신히 매달려 있었고, 껍질도 검게 변해 있었습니다. 새들도 그 나무에 날아와 지저귀지 않았고, 그 나무는 더 이상 살아 있는 나무가 아니었습니다.(〈인도 민담〉에서)


이 진기한 나무에 '생명의 열매'와 '죽음의 열매'가 함께 있었듯이, 우리의 삶은 빛과 어둠, 선과 악, 사랑과 미움이 공존합니다. 우리는 태양이 빛나는 대낮을 좋아하지만, 어둠으로 뒤덮이는 밤이 없으면 생명 있는 것들은 살지 못합니다. 나무를 보아도 나뭇가지와 잎은 햇빛을 받아야 살지만, 뿌리는 땅 속 어둠 속에 있어야 제대로 자랄 수 있습니다.

그런데 우리는 이 '전체'를 보지 않고 부분만 봅니다. 선이 있어 악이 드러나고, 악이 있어 선이 드러납니다. 우리와 함께 살아가는 이들에게도 사랑스러운 요소와 미움의 요소가 공존합니다. 사랑스러운 점만 사랑한다면 그것은 온전한 사랑이 아닙니다. 미운 요소까지 용납하고 사랑하는 것, 그것이 온전한 사랑입니다. 어떤 이의 부분만을 보고 그를 미워하거나 증오하는 것은 곧 진기한 나무를 가진 나라의 사람들이 독이 든 열매의 가지를 잘라 죽게 하는 것이나 다름없습니다. 예수는 그래서 '미워하는 것은 살인과 같다'고 한 것이 아닐까요. 미움 속에는 '살인의 씨앗'이 이미 깃들여 있기 때문입니다.

어떻게 이 미운 요소까지 사랑할 수 있을까요? 자기가 만난 대상 속에 있는 그 미운 요소를 있는 그대로 받아들이는 것입니다. 그 미운 요소를 없애려 하면, 전체를 죽이는 결과를 가져옵니다. 성서의 비유처럼, 밭에 자라는 잡초를 뽑으려다가 곡식까지 뽑는 결과를 낳습니다. 예수님은 그래서 "잡초도 버려 두어라, 잡초를 뽑으려다 곡식까지 다칠라"하고 말씀했습니다. 이처럼 잡초와 곡식을 함께 크게 두는 것, 이것이 예수의 사랑법이었습니다.

영적인 삶에 대한 뛰어난 책을 쓴 조이스 럽 수녀는 영혼의 성숙을 위해서는 어둠도 반드시 필요하다고 말합니다.

"우리가 인생길을 가는 데는 반드시 빛이 필요한 것처럼 어둠도 필요하다. 아마도 인생의 고난과 힘겨운 싸움을 겪은 사람들만이 인생의 진리, 즉 빛의 행로行路뿐만 아니라 어둠의 행로도 거쳐야만 인생이 성숙하고 변화하게 된다는 역설적 진리를 충분히 이해하고 받아들일 수 있을 것이다."(〈작은 불꽃〉에서).

전체적인 삶은 균형을 이룬 삶입니다. 호흡하고 살아가는 생명체가 들숨과 날숨의 균형을 이루었을 때 건강하듯이, 우리는 이 양극단을 받아들여 균형 잡힌 삶을 살아야 합니다. 전체적이고 균형 잡힌 삶을 사는 사람, 그는 이미 구원의 기쁨을 누리는 자입니다.

눈부신 하나님의 정원에서
우리가 미운 털 박힌 어둠의 자식이었을 때도
정원사는 우리를 솎아내지 않으셨네.
아름다운 꽃들이 만개한 정원을
멧돼지처럼 짓밟으며 더럽히고 다닐 때도
정원사는 우리를 몰아내지 않으셨네.
철없는 자식
철들기를 기다리고 또 기다려온
그 눈물겨운 기다림
그 눈물겨운 사랑이 가슴에 사무쳐
우리는 마침내 보고야 말았네.
눈부신 하나님의 정원에는
빛의 자식들
어둠의 자식들이 뒤섞여 산다는 것을,
그처럼 눈물 마를 날 없는 나날을 보내느라
정원사의 가슴속이 시커멓게 타버린 것을!

# 나무 껴안기

우리가 나무 흙 바위 바람 물과
하나라는 일체감을 깨달을 때
생명에 담긴 신비가 풀리기 시작한다.

— 헨릭 스콜리모우스키

황혼 무렵이면, 무더위를 피하기 위해 가까운 숲을 자주 찾습니다. 해가 서산으로 기울면 숲의 나무들은 긴 그림자를 드리웁니다. 오늘도 숲으로 들어가니 두 아름은 족히 될 소나무들이 푸르고 멋진 자태를 뽐내고 있었습니다. 나는 그 중 한 나무를 두 팔로 끌어안았습니다. 마치 연인을 껴안듯 사랑스러운 마음으로 나무를 가슴에 품어 안았습니다.

하지만 때로는 내가 나무를 포옹하는 것이 아니라 나무가 나를 품어 안아준다는 생각이 들 때가 있습니다. 사실이 그렇습니다. 나무는 자신을 위해 그늘을 만들지 않습니다. 하여간 나무는 나의 좋은 친구입니다. 누구에게도 털어놓지 못할 비밀이 있을 때는 나무에게 털어놓기도 합니다. 나무는 나의 속삭임을 있는 그대로 받아줍니다. 또 어떤 때는 나무를 껴안고 함께 호흡을 하기도 합니다. 나무의 들숨날숨이 내 가슴에 그대로 전해져 옵니다. 땅에 굳건히 뿌리를 내리고 팔 벌려 하늘을 우러르는 건강한 나무를 끌어안고 있으면, 그 숨결뿐만 아니라 나무의 싱그러운 에너지가 전해져 오기도 합니다.

> 나무를 끌어안고 있을 때 바람이 불면
> 나는 팔랑거리는 나뭇잎이 되네.
> 바람이 부드럽게 나를 어루만질 때의
> 그 기쁨은 말로 형언할 수 없네.
> 나는 나뭇가지가 되어
> 온몸을 푸른 허공으로 쭉쭉 뻗네.
> 나무의 유쾌한 에너지가
> 고동치는 느낌이 내 온몸을 휘감네.
> 이 때 나무와 나는 둘이 아니라
> 하나라는 황홀감에 젖어든다네.

이처럼 나무를 껴안고 생명의 희열과 황홀을 나눌 때 우리는 살아 숨쉬는 생명의 근원에 보다 가까워질 수 있습니다. 세상에 살면서 받은 숱한 상처와 분열된 마음이 치유되는 놀라운 경험을 할 수도 있습니다. 매사에 서두르는 분주한 마음, 무엇엔가 쫓기는 듯한 초조한 마음이 한없이 느긋해지고 한가로워지는 것을 체험할 수도 있습니다.

이 때, 나무와 생명의 교감과 신비를 나누는 마음은 곧 신성한 공간으로 변합니다. 이런 신성한 공간이 생길 때 우리는 비로소 하나님을 모실 수 있는 여백을 마련할 수 있습니다. 어떤 신화학자는 이런 마음의 여백을 '창조의 포란실抱卵室'이라고 불렀습니다. 이전과는 다른 무언가 새로운 삶을 시작할 수 있다는 것이겠지요. "이전 것은 지나갔으니, 보라, 새 것이 되었도다!"

물론 우리가 생명의 신비와 교감을 나눌 수 있는 대상이 꼭 나무여야만 하는 것은 아닙니다. 우리는 바위와 물과 바람과 흙과도 생명의 일체감을 느낄 수 있고, 그 일체감을 통해 창조주의 숨결에 닿을 수도 있습니다. 우리 눈에 보이는 모든 것들은 '숨어 계신 하나님'의 드러난 모습이니까 말입니다.

자주 숲으로 갑시다.

나무를 만나면

가슴을 활짝 열고

나무를 포옹해 봅시다.

나무의 푸르름

나무의 고요

나무의 침묵

나무의 고동치는 에너지를

온몸으로 느껴봅시다.

나무는 언제나

그대를 연인처럼 반갑게 맞아줍니다.

나무는 언제나

그대의 아픈 상처를 어루만져줍니다.

나무는 언제나

그대 마음에 고요를 선사합니다.

나무는 언제나

그대에게 생명의 황홀을 선사합니다.

하나님의 성품을 쏙 빼닮은

나무는 언제나

그대의 변함없는 친구입니다.

# 하나도 아니지만 둘도 아니라네

이어져서 서로 통하는 존재와 존재의 결합!
서로의 상처를 감싸주기 위해 붙어 버린
두 나무! 이제 둘은 둘이 아니라네.
하나도 아니지만 둘도 아니라네.

생명은 신비스럽고 경이롭습니다.

지난여름 나는 벗들과 산행山行에 나섰습니다. 구슬땀을 쏟으며 산을 오르다 숨이 가빠 산 중턱에서 배낭을 벗어놓고 쉬었습니다. 그 때 곁에 있던 벗이 소리쳤습니다.

"저 나무 좀 봐! 신기하게도 두 나무가 붙어버렸네."

놀란 표정으로 벗이 가리킨 나무들을 보니, 한 나무는 고로쇠나무이고 또 한 나무는 신갈나무였습니다. 두 나무는 굵은 나뭇가지가 한 데 붙어 있었습니다.

"꼭 나무들이 결혼한 것 같군."

시인인 벗이 덧붙였습니다. 내가 대꾸했습니다.

"결혼? 그 말도 참 재미있구먼. 이런 현상을 '연리지 현상'이라고 부른다지?"

연리지連理枝 현상! 이어져서連 서로 통한理 가지枝라는 뜻입니다.

나무에 상처가 생길 때 나무는 두 그루가 꼭 붙어 버리는 경우가 더러 생긴답니다. 이렇게 연리지 현상으로 두 나무가 붙어 버리면 절대로 떨어지지 않습니다. 더욱 신기한 것은 한쪽 나무에 병충해가 있게 될 경우에 다른 나무는 그 나무에 영양분을 나눠줘 그 병을 이기게 해줍니다. 또 한몸이 되지만, 각각의 성격은 잃어버리지 않습니다. 붉은 꽃을 피웠으면 붉은 꽃을, 흰 꽃을 피웠으면 흰 꽃을 피우는데, 이처럼 자신의 특성을 유지하면서 서로에게 힘을 북돋아준다고 합니다.

이어져서 서로 통하는 존재와 존재의 결합! 이런 아름다운 결합이야말로 벗의 말처럼 '결혼'이라 부를 수 있을 겁니다. 서로의 상처를 감싸주기 위해 붙어 버린 두 나무! 이제 둘은 둘이 아닙니다. 하나도 아니지만 둘도 아닙니다. 이 나무들을 보면서 나는 헨리 나웬이라는 영성의 대가가 들려준 '상처 입은 치유자' 이야기가 떠올랐습니다.

랍비인 여호수아 벤 레비는 어떤 동굴 입구에 서 있는 예언자 엘리야를 찾아와서 물었습니다.
"메시야는 언제 오십니까?"
엘리야가 대답했습니다.

"가서 그분에게 물어 보시오."

"그분은 어디에 계십니까?"

"성문에 앉아 계십니다."

"그런데 제가 어떻게 그분을 알아볼 수 있겠습니까?"

"그분은 상처투성이의 가난한 사람들 가운데 앉아 계십니다. 다른 사람들은 자신들의 상처에 감은 붕대를 한꺼번에 전부를 풀었다가 또다시 감습니다. 그러나 그분은 '아마 내가 필요하게 되겠지, 그 때에는 지체하지 않도록 항상 준비하고 있어야지' 하시며 자신의 상처에 감은 붕대를 하나씩 풀었다가는 다시 감고 하십니다."

오늘 우리는 어떻습니까. 상처 받은 치유자처럼 다른 이의 상처를 싸맬 붕대를 마련하고 살고 있는지요. 우리 속에 다른 이를 넉넉히 품어 안을 삶의 부요를 지니고 있는지요.

님이여, 나무가 말없이 팔을 벌려
상처 입은 다른 나무를 끌어안듯이
외로움과 고통으로 떨고 있는,
상처 받은 혼들을 품어 안을 수 있는
자비의 힘을 주옵소서.
님이여, 당신께서 나무십자가에 달려서도
아프고 방황하는 혼들을 위해
저들을 불쌍히 여겨 달라고 기도하셨듯이
그렇게 간구할 수 있는
사랑의 힘을 주옵소서.
하늘나라의 가장 큰 덕목인
자비가 유배당한 시대에
나와 너 사이의 숱한 울타리를 허물고
연민의 손,
화해의 손을 먼저 내밀어
울타리 없는 님의 옹근 사랑 안에서
하나 될 수 있는 용기를
오늘, 우리에게도 주옵소서.

# 우리를 살리는 희귀한 약초

누구든지 희귀한 약초藥草와도 같은

예수 그리스도에게 오면

우리를 괴롭히는 영혼의 질병에서 해방될 수 있을까요.

인간은 누구나 고향을 그리워합니다. 인간이 고향을 그리워하는 것은 고향을 잃어버렸기 때문입니다. 여기서 말하는 고향은 인간의 원초적인 고향, 에덴동산을 가리킵니다. 아담 이래로 우리는 모두 낙원의 주민이 아니라 실낙원失樂園의 주민으로 낙원 밖을 하염없이 떠돌며 삽니다.

첫 사람 아담과 하와는 하나님의 명령을 거역하여 선악과를 따먹고 에덴동산에서 추방당했습니다. 어머니 뱃속의 태아가 분리와 고통을 모르고 살듯이 아담과 하와는 에덴동산에서 조물주 하나님의 보살핌 속에 고통과 분리와 죽음을 모르고 살았습니다. 하지만 선악과를 따먹고 난 후 그들은 선악을 알게 되는 지혜를 얻었으나, 영원한 생명을 누릴 수 있는 '생명나무'를 잃게 되었습니다(창 3: 22). 이렇게 하여 아담의 후예인 우리도 '생명나무'가 숨겨져 있는 낙원을 그리워하게 된 것이지요.

그러나 오늘의 그리스도인들에게는 영원한 생명을 주는 '생명나무'가 있으니, 그 나무는 다름 아닌 예수 그리스도입니다. 첫째 아담은 하나님의 명령을 거역하여 우리에게 고통과 죽음을 알게 하였으나, 둘째 아담 예수 그리스도는 우리에게 영원한 생명을 주었습니다. 다시 말하면 예수 그리스도가 몸소 지신 '십자가'가 우리를 살리는 '생명나무'가 되었습니다. 전설에 의하면, 십자가는 아담이 창조되고 매장된 바로 그 자리, 골고다 언덕 위에 세워졌습니다. 따라서 십자가에 못 박혀 흘린 구세주의 피는 십자가 밑에 묻혀 있던 아담의 두개골에 흘려졌고, 이것으로 아담의 죄가 사해졌다는 것입니다. 피는 생명을 상징합니다. 구세주의 피로 아담의 죄가 사해졌다는 말은 아담 곧 인류가 예수 그리스도의 피로 말미암아 새 생명을 얻게 되었다는 것입니다. 희생의 피 흘림 없이 새 생명의 탄생도 없습니다.

그렇다면 이제 우리에게는 생명나무인 예수 그리스도가 영원한 생명을 주는 궁극적인 희망입니다. 사도 요한은 그가 환상 중에 본 계시에서 '수정같이 맑은 생명수의 강'을 보았다고 합니다. 그리고 강 좌우에 '열두 가지 열매 맺는 생명나무'와 그 나무 잎사귀들이 '만국 백성을 치료'하기 위해 있더라고 고백합니다(계 22:1-2). 이처럼 헤아리기 어려운 상징들은 무엇을 말하는 것일까요. 왜 하필 그 생명나무에는 열두 가지 열매가 맺힐까요. 그 열매들은 어떤 빛깔, 어떤 모양이며, 그 맛은 어떨까요. 그리고 그 생명나무의 잎사귀들이 만국 백성을 치료한다는 말은 무슨 뜻일까요. 그 생명나무가 곧 예수 그리스도를 가리키는 것이라면, 누구든지 예수 그리스도에게 나아오면 풍성한 영혼의 양식을 얻고, 누구든지 희귀한 약초藥草와도 같은 예수 그리스도에게 오면 우리를 괴롭히는 영혼의 질병에서 해방될 수 있다는 말일까요.

산상수훈의 말씀처럼 먹는 것과 마시는 것에 대한 염려를 하늘에 다 내맡기고 우리의 기도가 나날이 깊어지면, 지금 당장 입을 떼어 뭐라 말할 수 없는 생명나무의 신비가 풀릴 수 있을까요. 이러한 의문이 오늘 우리를 생명나무에 대한 묵상으로 인도합니다.

그대의 살찐 육신에
탐욕의 기름만 흐를 때,
그대의 궁핍한 영혼은
낙원 밖을 하염없이 떠돌며 방황한다네.
일용할 양식이 넘치고 넘쳐나도
자족을 모르는 손,
열두 가지 열매 주렁주렁한
생명나무 과실을 먹을 수 없다네.
지구별의 부귀를 독차지하고
신이라도 된 양 거들먹거리는
교만한 영혼,
낙원에서 점점 멀어질 뿐이네.
그대를 영원히 살리는
저 생명나무의 희귀한 약초를 먹고 싶은가.
밑 빠진 독 같은 탐욕과
거들먹거리는 교만의 너울을 벗게나.
그대 속에 수정 같은 맑은 생명의 강이
출렁출렁 흐르게 하고 싶은가.
강물처럼 겸손히 그대의 몸을 낮추고
강물에 떠가는 빈 배처럼
그대의 존재를 가볍게 하시게나.
저 영원한 생명의 항구에
그대 영혼의 닻을 내리고 싶거든!

# 나무는 위대한 명상가

숨을 들이마시면서 마음을 열어
나와 남의 고통을 받아들이고
숨을 내쉬면서 나와 남이 고통에서 벗어나
함께 행복해지기를 빈다네.

나무에는 새들이 깃들어 둥지를 틉니다. 그러나 나무에는 새들만 깃들여 사는 건 아닙니다. 사실은 사람도 나무에 깃들여 삽니다.

나무가 없는 세상을 상상해 보십시오. 나무들이 없다면 사람들은 어떻게 숨을 쉴 수 있을까요. 사람은 나무가 내뿜어주는 산소가 없으면 잠시도 살 수 없습니다. 또한 사람을 포함한 동물들이 내뿜는 이산화탄소를 나무들이 흡수해주지 않으면 사람도 동물도 살 수 없습니다. 평소에 우리가 의식하지 못하지만 호흡은 그토록 중요합니다. 비록 깃털처럼 가벼운 숨결이지만, 우리의 코를 통해 들락거리는 그 숨결을 우주의 무게와 저울질한 이도 있습니다(스와미 웨다).

그래서 사람이 나무에 깃들여 산다고 하는 것입니다. 물론 나무가 뿜어주는 산소만 사람에게 유익을 주는 것은 아닙니다. 나무의 푸른 빛깔도 우리에게 생기와 희망을 줍니다. 우리 사람도 나무처럼 남에게 유익을 베푸는 존재가 될 수는 없을까요.

티베트의 수도자들은 우리에게 새로운 명상법을 일러 줍니다. 자비심을 키워주는 '통렌 명상법'이 바로 그것입니다. 티베트어로 '통렌'tong-len은 '보내기와 받기'를 뜻하는 말입니다. 간단히 말하면, 통렌 명상은 나와 남의 고통과 통증을 받아들이고, 모든 이에게 행복을 내보냄을 뜻합니다.

보통 지금까지 명상에 대한 가르침에서는 호흡을 하면서, 자기 안의 나쁜 기운을 내보내고 좋은 기운을 들여 마시라고 합니다. 이런 식의 명상은 너무 내향적이고, 자기중심적egoistic입니다. 그러나 통렌 명상은 그와 정반대입니다. 고요히 앉아 들숨을 쉴 때 세상의 나쁜 기운을 들여 마시고, 날숨을 쉴 때 좋은 기운을 세상을 향해 내보내라는 것입니다.

마더 데레사 수녀는 세상에서 고통 받는 병자들, 버려진 노인들, 죽어가는 사람들을 위해 자신의 삶을 헌신했고, 생명의 기쁨을 그들과 서로 주고 받았습니다. 데레사 수녀는 진정으로 통렌 명상을 실천한 인물이라고 말할 수

있습니다. 데레사 수녀의 다음과 같은 말은 통렌 명상과
실천의 영적 핵심을 정확히 드러내고 있습니다.

우리 모두는 하나님이 계신 하늘나라를 갈망한다.

그러나 우리는 바로 이 순간

그분과 함께 하늘나라에 있을 수 있는 힘을 지니고 있다.

그분과 함께 행복을 누린다 함은

다음과 같은 의미이다.

그분이 사랑하는 것처럼 사랑하는 것이고,

그분이 돕는 것처럼 돕는 것이고,

그분이 나누어주는 것처럼 나누어 주는 것이고,

그분이 섬기는 것처럼 섬기는 것이고,

그분과 함께 24시간 함께 있는 것이고,

궁색한 사람의 모습으로 나타난 그분을 맞아들이는 것이다.

예수님은 "나는 섬김을 받으러 오지 않고 섬기러 왔다"
고 말씀하셨습니다. 그리고 당신을 따르는 제자들에게도
남을 섬기는 겸손한 종의 자세를 당부하셨습니다.

우리가 마음을 모아 기도할 때마다, 고요히 앉아 묵상에 잠길 때마다 나와 남이 다 함께 고통으로부터 자유로워지기를 기원하는 마음을 가져야 합니다. 숨을 들이마시면서 마음을 열어 나와 남의 고통을 받아들이고, 숨을 내쉬면서 나와 남이 고통에서 벗어나 함께 행복해지기를 빌어야 합니다. 이것이 진정 자비를 당신의 삶으로 몸소 가르치신 그리스도의 온전한 제자가 되는 길입니다.

나무는 위대한 명상가라네.

세상을 살리는

위대한 명상가라네.

오늘도 나무 곁에 앉아

나무들이 고요히 숨을 쉴 때

세상이 맑아지는 놀라운 기적을 보네.

그대 역시 사랑의 마음을 실어 날숨을 쉴 때

아픈 이들의 얼굴에 화색이 돌고

절망에 빠진 이들이 희망을 얻고

불안과 두려움 가운데 있는

이들의 마음에 평화가 깃든다네.

나무는 또한

위대한 치유자라네.

병든 세상을 치유하는 나무 곁에 앉아

그대 역시 자비의 마음을 실어 들숨을 쉴 때

생기 잃은 영혼이 생기를 찾고

소란과 분주함 속에서

고요를 잃은 영혼이 고요를 회복하네.

그대 틈날 때마다

나무 곁에 앉아서 기적의 숨소리를 들어보게.

그대를 살리고 세상을 살리는

나무들의 자비의 숨소리를!

"나무와 깊이 사귀며 존재의 근원이신 그분을 만나다"

모든 피조물은 안식을 주는 것에 끌립니다. 영성의 대가인 마이스터 엑카르트의 통찰입니다. 쇠붙이가 자석에 끌리듯 만물은 자기에게 안식을 주는 것에 끌립니다.

새들은 하루 종일 먹이를 구하다가 해가 저물면 어두운 숲으로 날아갑니다. 어두운 숲이야말로 새들에게 안식을 주는 곳이기 때문입니다. 물고기도 수초나 어두운 돌 틈에서 안식을 구합니다. 집에서 풀어놓고 기르는 개들도 보면, 편한 자리를 골라서 몸을 누입니다. 사람도 마찬가지입니다. 평화와 기쁨, 쉼을 주는 벗에게 끌립니다.

내가 나무에 이끌려 이 글을 쓴 것도 나무가 베풀어주는 '안식'에 매혹되었기 때문인지도 모릅니다. 나는 흰 종이 위에 글을 쓰며 흰 종이의 결에서 '나무의 영혼'을 느꼈고, 때로는 글을 쓰다가 막히면 나무 그늘을 찾아가서 뒹굴며 나무가 베풀어주는 '영감'을 받아 적기도 했습니다. 한 번은 우람한 은행나무 밑에서 하늘로 뻗은 무수한 가지들과 노란 잎새들을 보고 있다가 이런 시를 받아 적기도 했습니다.

나무는 길을 잃은 적이 없다
허공으로 뻗어가는
잎사귀마다 빛나는 길눈을 보라

아무튼 책을 쓰는 내내 나무와 연애하는 기분이었습니다. 길을 걷다가 나무를 보면 연인을 만난 듯 애틋한 심정으로 부둥켜안곤 했습니다. 나무는 거절하는 법이 없었습니다. 그럴 때마다 나는 대지대비하신 하나님이 나무 같은 분이 아닐까 생각하곤 했습니다.

나무를 주제로 이 명상의 글을 쓰는 동안, 저는 어떤 시인이 말한 것처럼 나뭇잎마다 '하나님의 지문'이 새겨져 있다는 걸 실감했습니다. 하나님은 성서를 통해서만 아니라 나무를 통해서도 당신의 살아계심을 일러주셨습니다. 얼마나 놀랍고 오묘한 섭리이며, 또 얼마나 고마운 배려입니까.

무릇 명상은 우리 자신의 본성이 '안식'이며 '고요'임을 알아차리는 일입니다. 이것을 우리가 알아차리면 우리의 존재는 성스러운 하나님을 모실 수 있는 성소로 변합니다. 이는 하나님도 우리에게서 '안식'과 '고요'를 구하시기 때문입니다.

> 하나님은 우리가 고요한 마음을 바치는 것 외에는
> 아무것도 필요로 하지 않으십니다.
> 우리가 고요한 마음을 바칠 때만
> 하나님은 영혼 안에서 신비스럽고 신성한 일을 이루십니다.
>
> ─ 마이스터 엑카르트

나는 이 책을 쓰는 동안, 나무들과의 교감 속에 나무에 관한 좋은 시를 많이 남긴 고故 이성선 시인이 자주 떠오르곤 했습니다. 그는 지금 내설악의 숲 그늘에서 영원한 안식을 누리고 있습니다.

마지막으로 이 책을 읽는 분들이 나무와 깊이 사귀며 자기 존재의 근원이신 분께 '고요한 마음을 바치는' 법을 배울 수 있다면 무엇을 더 바라겠습니까.

치악산 母月山房
고진하

# 나무명상

초판 2007년 4월 5일

고진하 지음

발 행 인 | 신경하
편 집 인 | 김광덕
편    집 | 박영신 성민혜

펴 낸 곳 | 도서출판 kmc
등록번호 | 제2-1607호
등록일자 | 1993년 9월 4일

**(재)기독교대한감리회 홍보출판국**

서울특별시 중구 태평로1가 64-8 감리회관 16층 (100-101)
대표전화 | 02-399-2008  팩스 | 02-399-4365
홈페이지 | http://www.kmcmall.co.kr
         http://www.kmc.or.kr

디 자 인 | 큰사람디자인 02-756-9430~3

값 10,000원
ISBN 978-89-8430-341-6  03230